Zauberklänge 3

Musikbuch für die
neue Grundschule in Bayern

von Christian Hoerburger
Carola Gampe
Ursula Lay

illustriert von
Barbara Schumann

Bayerischer Schulbuch Verlag

Zeichenerklärung zum alphabetischen Verzeichnis der Lieder und Texte

Singen
Stimmbildung
Begleitung
Sprechen
Hören
Tanzen
Musiklehre
Musikalische Spielszene
Klangspiel
FV Fächerverbindung

15 Hörbeispiel auf CD

gedruckt auf chlorfrei gebleichtem Papier

1. Auflage 2002 R E
Druck 08 05 04 03 02
Die letzte Zahl bezeichnet das Jahr des Drucks.
Alle Drucke dieser Auflage sind untereinander unverändert und im Unterricht nebeneinander verwendbar.

Umschlag: ⓢ sans serif, Barbara Schumann
Lektorat: Stephanie Staudacher, Münsing
Gestaltung: ⓢ sans serif, Berlin
Herstellung: Heidemarie Braun, Gabriele Schenk
Notensatz: prima nota, Korbach
Reproduktion: Oldenbourg Digitaltechnologie, Kirchheim bei München
Druck: R.Oldenbourg Graphische Betriebe GmbH, Kirchheim bei München

ISBN 3-7627-**8377**-2

Bildnachweis:
Lissy Mitterwallner, München: 10, 15, 50 – Museum Jean Tinguely, Basel: 36 (Foto: Christian Baur) – VG Bild-Kunst, Bonn: 36, 37 © 2002

Rechteinhaber (soweit nicht beim Lied angegeben):
Auer Verlag, Donauwörth: S. 20 – Gustav Bosse Verlag, Kassel: S. 24 – Don Bosco Verlag, München: S. 15 – Edition Durand, Paris (für Deutschland: Per Lauke Verlag, München): S. 11 – Fidula Verlag, Boppard/Rhein und Salzburg: S. 12, 30, 31, 33, 34, 44, 54, 56, 58 (Rhythmus) – Filmkunst Musikverlag, München: S. 40 – Musikverlag Helbling, Innsbruck: S. 6 – Musikverlag Hieber, München: S. 46, 63 (Staad, staad) – Patmos Verlag, Düsseldorf: S. 35, 58 – Religionspädagogische Arbeitshilfen GmbH, Landshut: S. 14 – Kisten Rickmers-Liebau, Uetersen: S. 18 (Text) – Schott Musik International, Mainz: S. 22 – K. Thienemanns Verlag, Stuttgart-Wien: S. 16f. – Uta und Joachim Zimmermann, Hildesheim: S. 29 (Text)

Hinweis:
Zu diesem Buch gehört 1 CD mit Musikstücken und Liedern, die von den Vorchören der Regensburger Domspatzen gesungen wurden. (Bestell-Nr. **8393**-4)

Alphabetisches Verzeichnis der Lieder und Texte

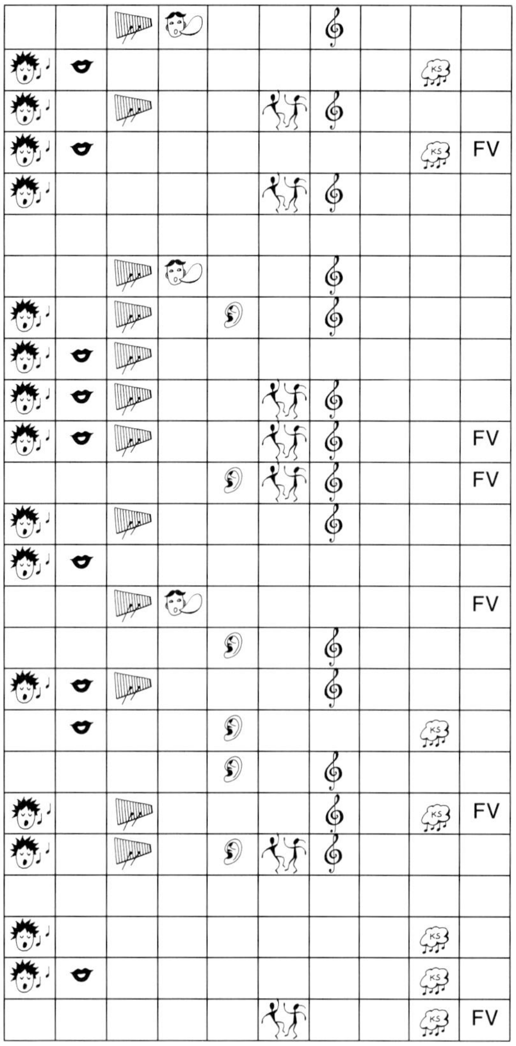

Anhang zum Weitersingen:

Instrumenten-Symbole

	Trommel		Becken		Reco-Reco		Stabspiele
	Triangel		Schellen		Claves (Schlagstäbe)	AM = Alt-Metallophon BM = Bass-Metallophon AX = Alt-Xylophon BX = Bass-Xylophon SG = Sopran-Glockenspiel	
	Rasseln		Zimbeln		Flexaton		
	Lotosflöte		Kantele				

Dieser Tag soll fröhlich sein

Text und Melodie:
Kathi Stimmer-Salzeder 1993

2. Wenn ihr lachen könnt, dann lacht, weil das Lachen Freude macht.
3. Wenn ihr springen könnt, dann springt, weil das Springen Freude bringt.
4. Wenn ihr winken könnt, dann winkt, weil das Winken Freude bringt.

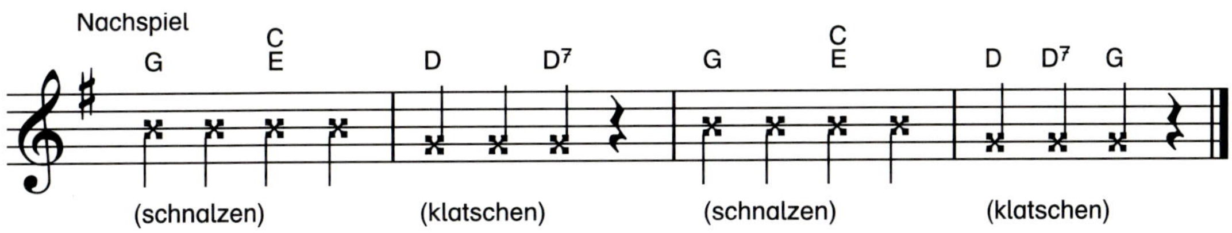

Gestaltet das Vorspiel mit euren Körperinstrumenten.

Sucht euch einen Partner und erfindet ein Klatschspiel zu diesem Lied.

Wachet auf, wachet auf

Text und Melodie: Johann Jakob Wachsmann

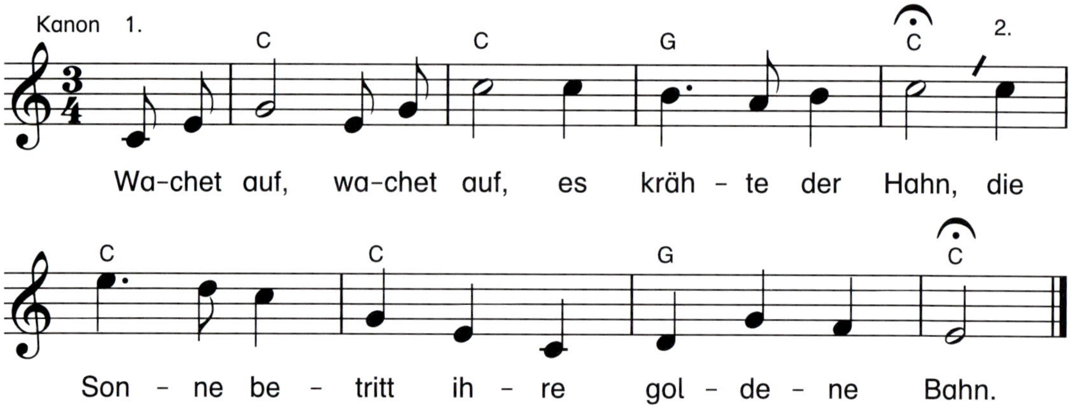

Setzt euch aufrecht hin („Kutschersitz") und singt das Lied auf la-la.

Sucht den höchsten Ton und überlegt, warum der Komponist ihn gerade an dieser Stelle haben will.

Begleitet das Lied.

Singt das Lied im Kanon.

Hello, good morning

Text und Melodie: Lorenz Maierhofer

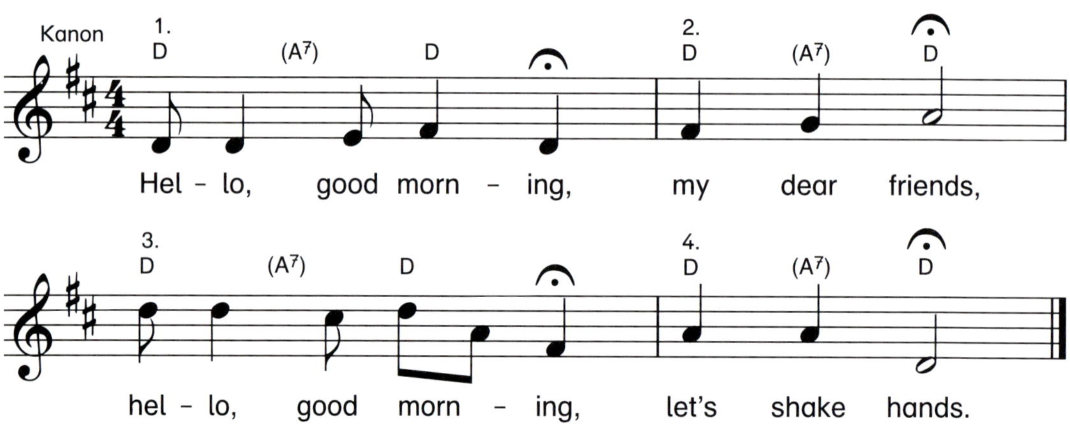

Stellt euch in zwei Kreisen auf. Die beiden Kreise bewegen sich beim ersten Teil des Liedes gegeneinander. Beim zweiten Teil begrüßt ihr das Kind, das gegenüber steht, durch Händeschütteln.

Begleitet das Lied mit einem Bordun.

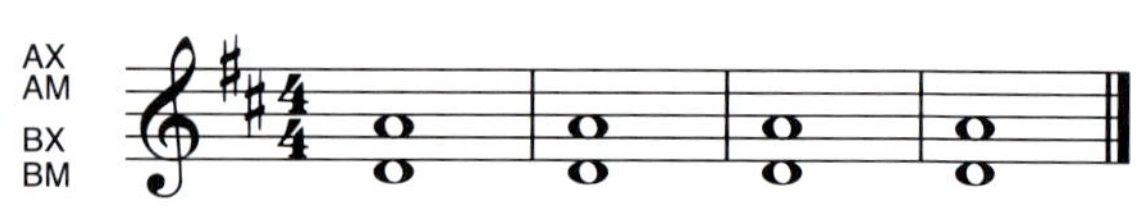

Singt das Lied als Kanon.

Bruder Jakob

Text und Melodie: überliefert

Dieses französische Lied vom „Bruder Jakob" wird heute in vielen Ländern der Welt gesungen:

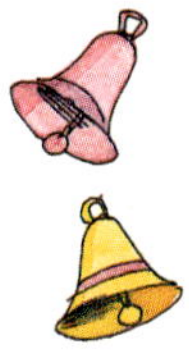

französisch:

Frère Jacques,
dormez vous?
Sonnez les matines,
dong, dong, dong!

türkisch:

Yakup usta,
haydi kalk!
Saatine birbak!
Bom, bom, bom!

englisch:

Are you sleeping,
brother John?
Morning bells are ringing,
dong, dong, dong!

Singt das Lied und begleitet euch mit Gesten und Körperinstrumenten.

Singt das Lied im Kanon.

Begleitet mit einem Bordun auf den Stabspielen und einem Triangel.

If you're happy

Text und Melodie: überliefert, aus England

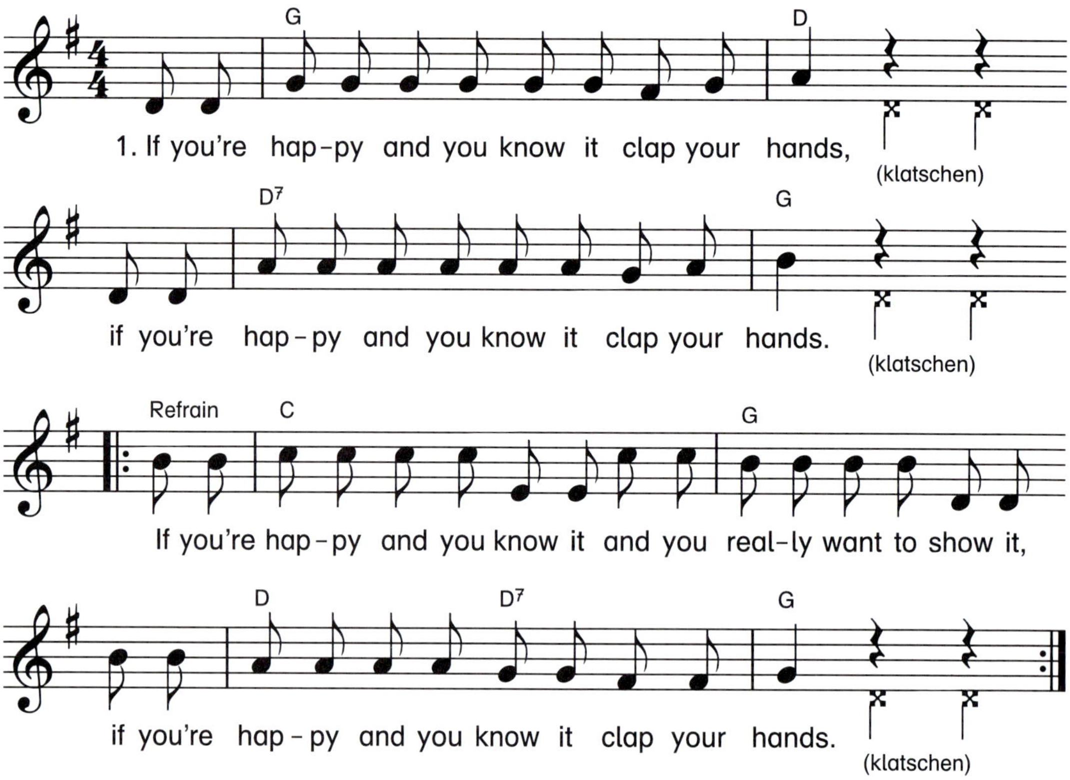

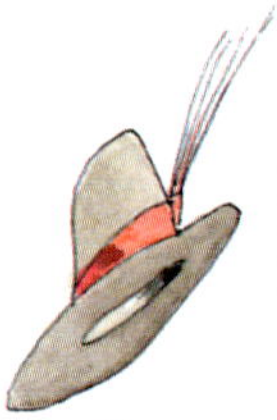

2. If you're happy and you know it, stamp your feet …
3. If you're happy and you know it, snap your fingers, …
4. If you're happy and you know it, slap your sides, …
5. If you're happy and you know it, shout „Hooray", …
6. If you're happy and you know it, do it all, …

Füllt die Gesangspausen mit den passenden Bewegungen oder Körperinstrumenten.

Erfindet im Englischunterricht weitere Strophen.

Wir kommen all und gratulieren

Text und Melodie:
Moritz Hauptmann

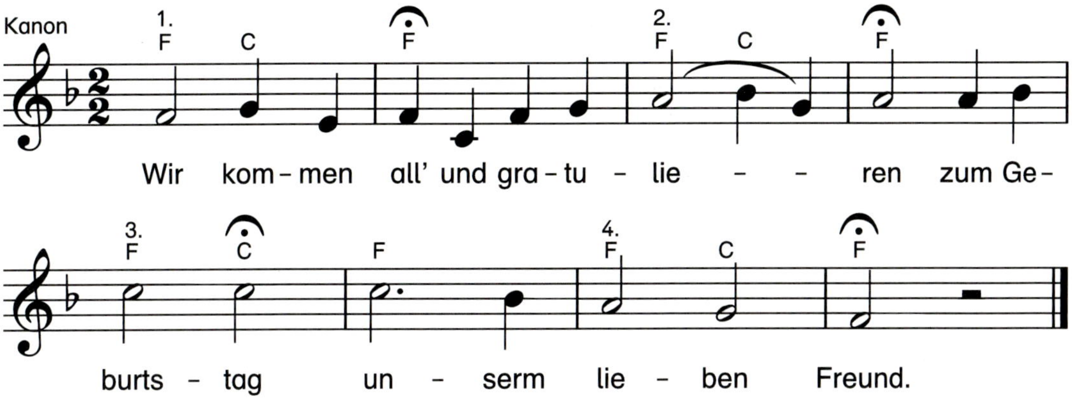

Begleitet das Geburtstagslied mit Stabspielen.

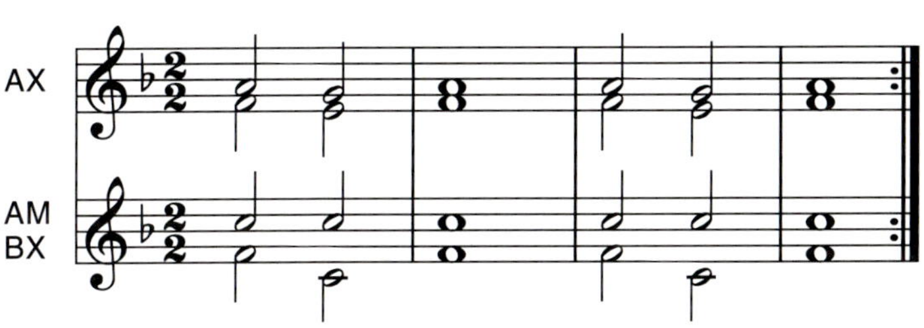

Singt das Lied im Kanon.

Erfindet mit selbst gebauten Instrumenten und ein Klangspiel Geburtstagsständchen.

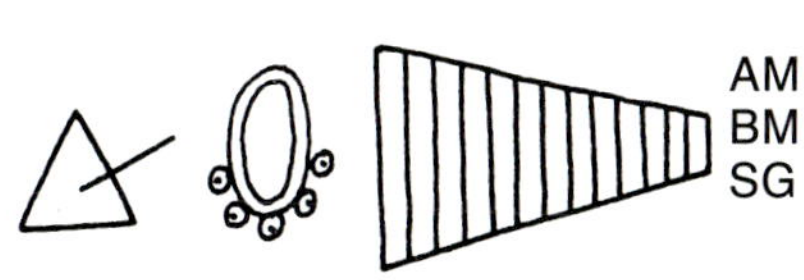

Das Klavier

Untersucht einen Flügel oder ein Klavier (Pianoforte). Beschreibt den Klang. Lasst euch die Saiten, die Hämmerchen, die Dämpfung, die Stimmwirbel, die Pedale und den Resonanzboden erklären.

Hört zu, wenn euch ein Pianist ein Klavierstück vorspielt und sprecht über diese Musik.

Lasst euch von dem Pianisten über seinen Beruf erzählen.

Lasst euch von einem Pianisten bei einem Lied begleiten.

Deutscher Tanz

Ludwig van Beethoven (1770–1827)

Wir hören Musik:

Ma mère l'oye Maurice Ravel (1875–1937):

„Die Gespräche zwischen der Schönen und dem Tier" (aus „Ma mère l'oye")

41

Es war einmal ein schöner Prinz, der war durch einen bösen Zauber in ein hässliches Tier verwandelt. Aber er hatte ein gutes Herz. Als er der Schönen begegnete, verliebte er sich in sie. Die Schöne merkte, dass er ein gutes Herz hatte. So redeten sie miteinander:

„Wenn ich an Euer gutes Herz denke, erscheint Ihr mir nicht so hässlich." „Oh ja, ich habe ein gutes Herz, aber ich bin ein Ungeheuer." „Es gibt viele Menschen, die größere Ungeheuer sind als Ihr." „Hätte ich mehr Verstand, würde ich Euch ein großes Kompliment machen, um Euch zu danken, aber ich bin ja nur ein Tier." – ... „Schöne, wollt Ihr meine Frau werden?" „Nein, Tier!" – ... (Die Schöne verließ das Tier, aber sie kehrte bald zurück, als sie merkte, dass sie es wegen seiner Güte liebte. Das Tier war bereits krank vor Kummer.)

„Ich sterbe zufrieden, da ich die Freude habe, Euch noch einmal zu sehen." „Nein, mein liebes Tier, Ihr werdet nicht sterben: Ihr werdet leben, um mein Gatte zu werden!" ...

Das Tier war verschwunden, und sie sah zu ihren Füßen nur einen wunderschönen Prinzen, der ihr dankte, dass sie seiner Verzauberung durch ihre Liebe ein Ende gemacht habe.

Wie könnte das Lied der Schönen klingen? Wie das Lied des Tiers?

Hört euch die Klaviermusik von Maurice Ravel an.
Wie hat er die Melodien der Schönen und des Tieres gestaltet?

Der bunte Herbst

Text und Melodie: Richard Rudolf Klein

2. Er hat die Backen voller Wind, fa la la la,
und jeder Drachen steigt geschwind, fa la la la.

3. Er schüttelt Äpfel in das Gras, fa la la la,
und füllt dem Bauern Scheun' und Fass, fa la la la.

Singt statt „fa la la la“ auch „fu nu nu nu“ und „fi mi mi mi“.
Spielt auf die Betonungen mit dem Triangel.

Begleitet bei „fa la la la“:

Begleitsatz: R. R. Klein

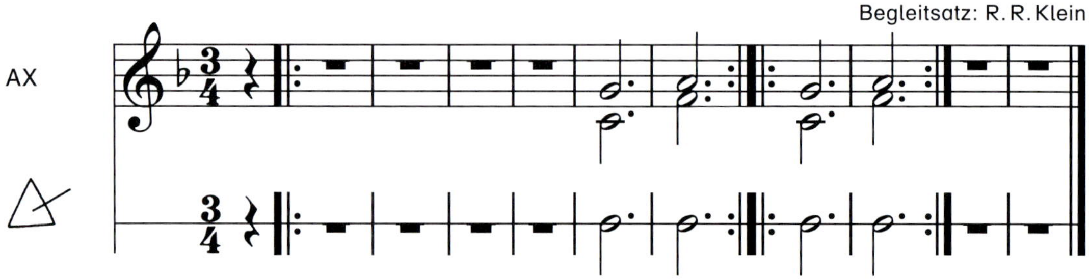

Die Tage werden dunkler

Text: Meinhard Ansohn/Waltraud Messer/
Brigitte Lemke
Melodie: Meinhard Ansohn

3

Einer/Einige

1. Die Ta - ge wer - den dunk - ler.
2. Die Ta - ge wer - den küh - ler.
3. Die Ta - ge wer - den kür - zer.
4. Die Ta - ge wer - den stil - ler.

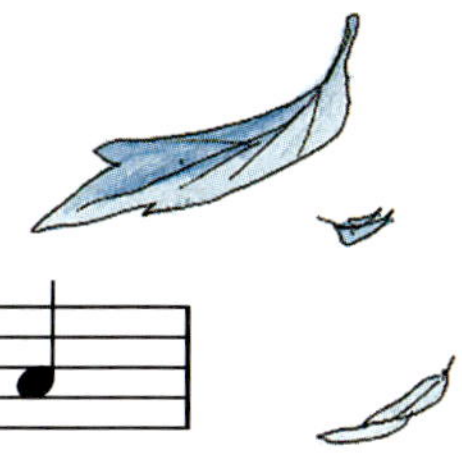

1. Hey, schau, schau, wie der Wind durch die Blät - ter weht!

Schau, schau, wie sie wir - beln im Wind.

2. Hey, schau, schau,
wie der Wind durch die Blumen weht,
schau, schau, wie sie wiegen im Wind.

3. Hey, schau, schau,
wie das Laub durch die Straßen fegt,
schau, schau, wie es raschelt im Wind.

4. Hey, schau, schau,
wie der Wind schnell die Wolken treibt,
schau, schau, wie der Regen beginnt.

Die Note bei „dunk-“ nennt man „Ganze“ 𝅝. Singt diesen langen Ton und lasst ihn lauter und leiser werden. Er klingt so lang wie zwei Halbe 𝅗𝅥 𝅗𝅥.

Singt diesen langen Ton besonders schön (dunkel, geheimnisvoll, weich). Spielt mit Stabspielen (mit den Tönen „f“) lauter Ganze zu dem Lied.

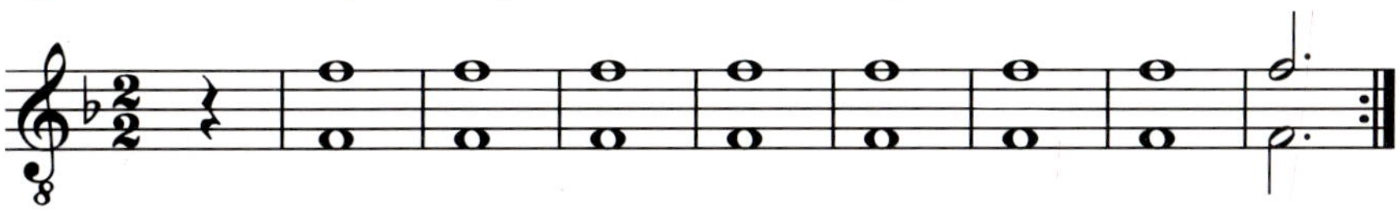

Gestaltet ein Klangspiel Lange Töne mit geeigneten Instrumenten und Stimmen.

5

Lasst uns loben Gott, den Herren

Text: Franz Kett
Melodie: überliefert

2. Lasst uns loben Gott, den Herren, lasst uns preisen unsern Gott,
der die Erde hat erschaffen und was sie hervorgebracht:
Gräser, Blumen, Sträucher, Bäume wunderbar in voller Pracht.
Lasst uns loben Gott, den Herren, lasst uns danken unserm Gott.

3. Lasst uns loben Gott, den Herren, lasst uns preisen unsern Gott,
der den Menschen hat erschaffen und das Leben haucht ihm ein,
dass der Mensch ein Bild und Gleichnis seines Gottes sollte sein.
Lasst uns loben Gott, den Herren, lasst uns danken unserm Gott.

Singt die Melodie auf die Tonsilben „don“, „bam“ und „ling“.

Spielt zu dritt ein Klangspiel Feierliches Lob.
Jeder Spieler darf 2 verschiedene Instrumente verwenden.

Rund um einen Apfelbaum

Text und Melodie: Susanne Brandt-Köhn

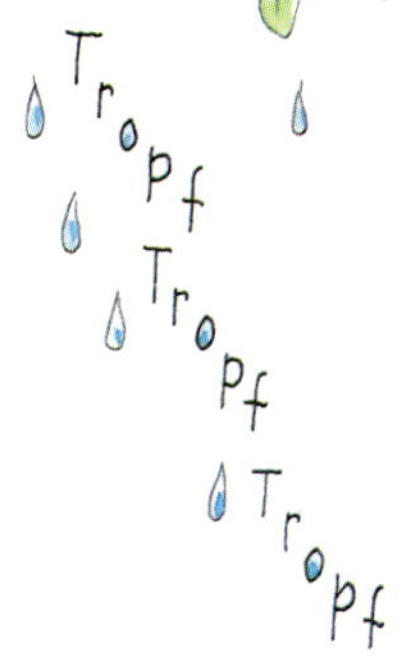

2. Rund um einen Apfelbaum
ist was los, man glaubt es kaum.
Bienen sausen mit Gebrumm
um die süße Frucht herum.

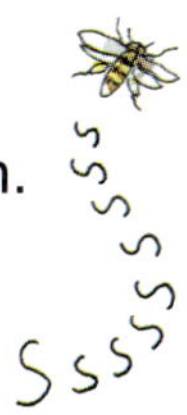

3. Rund um einen Apfelbaum
ist was los, man glaubt es kaum.
Manchmal stürmt es in der Nacht,
dass es in den Ästen kracht.

4. Rund um einen Apfelbaum
ist was los, man glaubt es kaum.
Regentropfen fall'n ins Gras,
machen auch die Äpfel nass.

Spielt den Inhalt der Strophen mit eurer Stimme.
Achtet dabei auf eure Körperhaltung (Kutschersitz).

Begleitet das Lied im Takt mit Schlaginstrumenten.

Strophe: 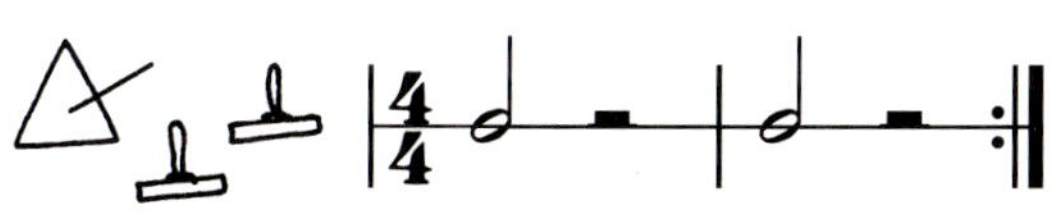

Refrain: rauschen – reiben

7

Auf dem Speicher (Spukwalzer)

Text: Michael Ende
Melodie: Dorothée Kreusch-Jacob

2. Aus dem Photoalbum steigen
graue Männer, Kinder, Frau'n,
und sie wiegen sich im Reigen,
altertümlich anzuschau'n.
Lange ist es her,
niemand kennt sie mehr,
und es wogt ihr wisperndes Geraun'.

3. Ihre Namen sind vergessen.
Fragend sehen sie sich an.
„Ich war jemands Kind – doch wessen?“
„Wer war ich?“ – „Warst du mein Mann?“
Und im Schattenkleid
der Vergangenheit
grüßen sie einander dann und wann.

4. Stolze Herrn und schöne Damen,
war’n sie Eltern, Schwestern, Brüder ...?
Ach, sie steigen ohne Namen
seufzend in das Album wieder.
Einen letzten Ton
schluchzt das Grammophon –
knack – und tiefes Schweigen senkt sich nieder.

Singt das Lied auf die Tonsilben „na“ und „la“.

Begleitet den zweiten Teil des Liedes mit euren Körperinstrumenten.

Spielt in die Pause am Taktanfang den Triangel.

Spielt die Personen, die aus dem Album steigen und bewegt euch passend zur Musik.

Ein verirrter Esel

9

Text: Zbigniew Lengren Deutscher Text: James Krüss
Melodie: Franz Möckl

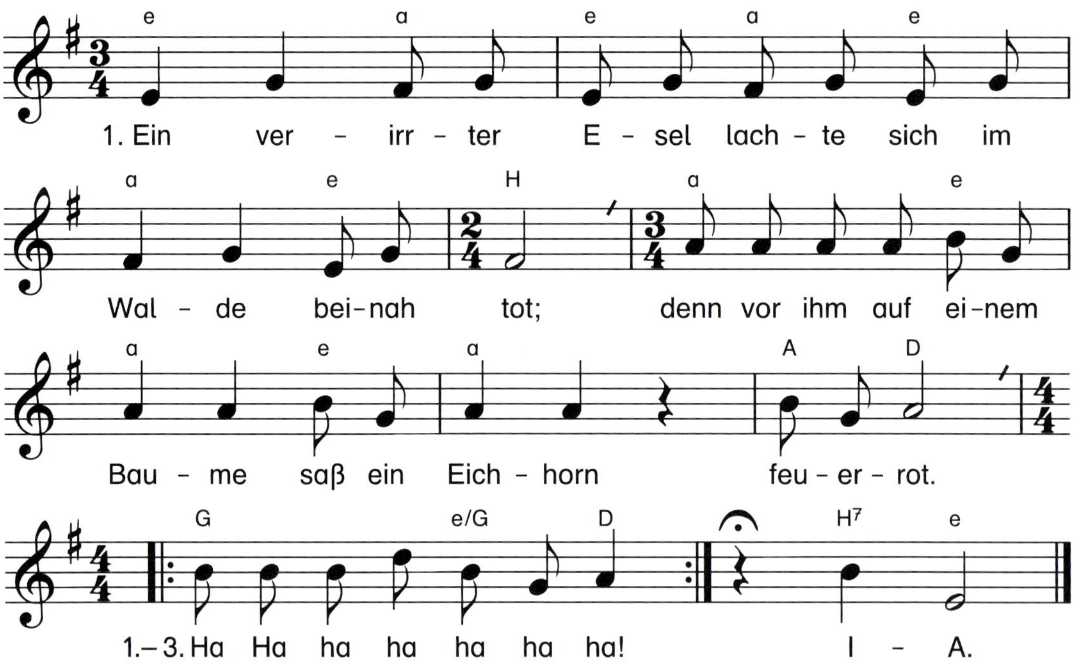

2. Brüllend, prustend, quiekend, kichernd rief er:
So was sah ich nie!
Ha, i-a, wie ist das komisch!
Rote Haare hat das Vieh!

3. Lassen wir den Esel kichern.
Das gescheite Eichhorn spricht:
Über rote Haare lachen nur die Esel!
Oder nicht?

Singt Spottverse zwischen Esel und Eichhörnchen.

Singt mit Spott in der Stimme:
„Ha-ha-ha Ha-ha-ha Ha! I-A“ und „Ha, i-a, wie ist das komisch.“

Sucht die Note, die im ersten, zweiten und dritten Abschnitt jeweils am häufigsten vorkommt.
Findet diese Töne auf dem Stabspiel.

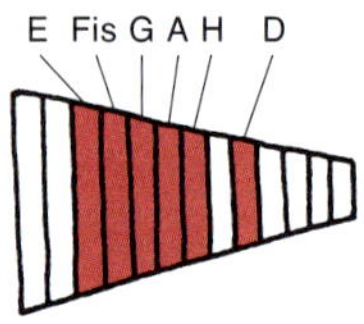

Prägt euch den Klang und die Notennamen (Buchstaben) ein.

Holt die Lichter aus dem Haus

Text und Melodie:
überliefert aus dem Rheinland

11

2. Zündet eure Kerzen an, denn es ist Sankt Martin,
und stimmt frohe Lieder an, denn es ist Sankt Martin.
Tralalalala ...

3. Ziehet durch die Straßen hin, denn ...
freudig und mit frohem Sinn, denn ...
Tralalalala ...

4. Lebkuchen gibt's nach altem Brauch, denn ...
Äpfel, Nüsse, Mandeln auch, denn ...
Tralalalala ...

Übt mit den hohen Tönen das „Tralalalala".
Achtet dabei auf das energische „Tr".

Übt „Tralalalala" mit eigenen Tönen.

Begleitet das Lied mit Schlaginstrumenten in Vierteln ♩ (z. B. mit einer Trommel, Rassel) und in Halben 𝅗𝅥 (z. B. mit Triangel, Zimbel). Die Halbe klingt so lang wie zwei Viertel.

König Pampelmus

Text: Helmut Maschke

Sprechkanon

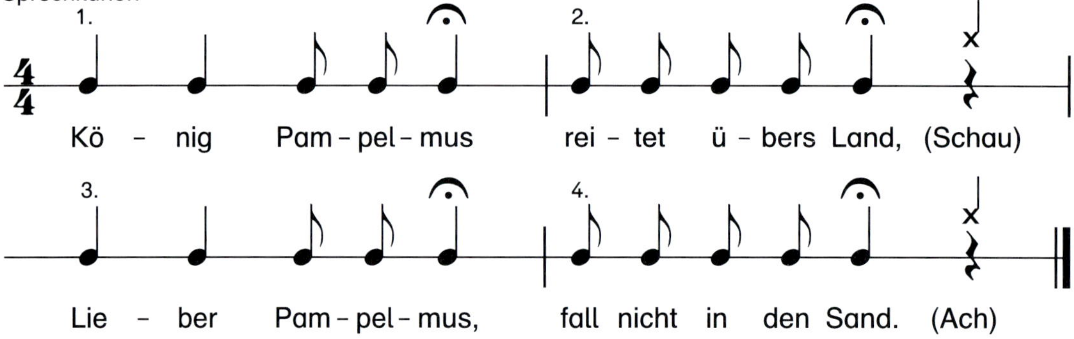

Dazu passen als zweite und dritte Stimme:

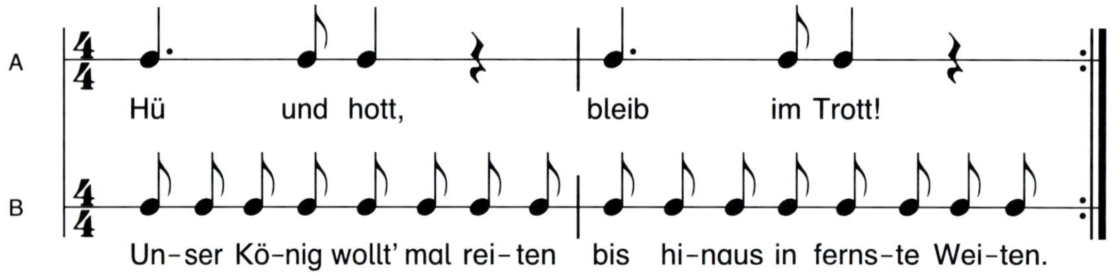

Sprecht den Text auf verschiedene Art und Weise: laut – leise, hoch – tief, schnell – langsam usw.

Sprecht im Kanon.

Begleitet die einzelnen Abschnitte mit passenden Schlaginstrumenten.

Wählt euch dazu die zweite oder die dritte Stimme (A oder B). Die Noten in der dritten Stimme heißen Achtel. Zwei Achtel klingen so lang wie eine Viertel.

Karga

Text und Melodie: überliefert, aus der Türkei

13

2. Karga seni tutarım
Kanadını yolarım! Bak, bak, bak!

Liedinhalt: Ein Rabe sitzt fröhlich krächzend auf einer Mauer, doch er soll gefangen werden.

Singt das Lied auf die Tonsilben „ga“ und „ba“.

Begleitet das Lied mit Trommeln (auch selbst gebauten) und Zimbeln.

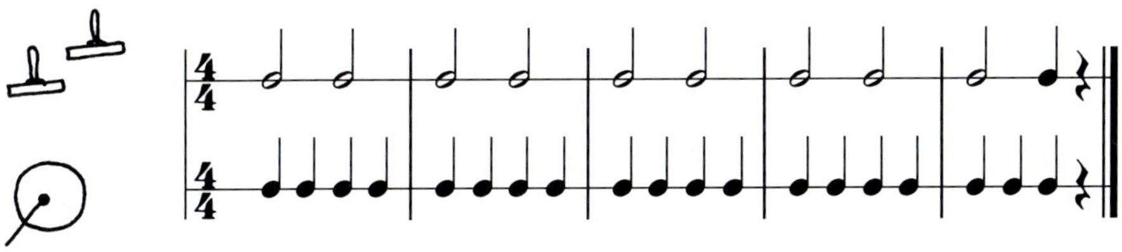

Kennt ihr andere türkische Lieder?
Fragt eure türkischen Mitschüler/innen, ob sie ein türkisches Musikinstrument spielen. Lasst euch die Instrumente erklären und bittet die Kinder etwas vorzuspielen.

Wer geht denn da

14

Text und Melodie: Petra Sachsenheimer

2. Mit seinem Stab stützt er sich ab,
der Rücken trägt den schweren Sack,
den großen Sack.

3. Er lässt keins aus, kommt zu jedem Haus,
pocht an die Tür und fragt nach dir,
der Nikolaus.

Achtet auf den Schlusston.
Überlegt euch, warum er ungewöhnlich ist.

Schaut auch die Melodie bei „Berg und Tal“ an.
Findet ihr diese Tonfolge auch an einer anderen Stelle im Lied?

Begleitet das Lied mit den Stabspielen.

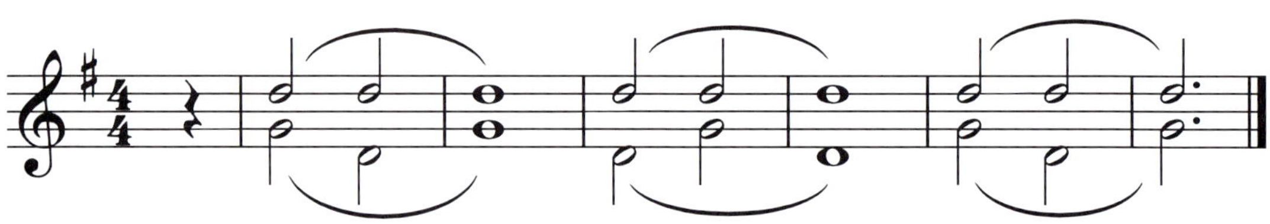

Spielt dem Nikolaus als Nachspiel zum Lied eine fröhliche

WanderMusik.

Als ich bei meinen Schafen wacht

Text und Melodie:
aus Köln 1623

16

2. Er sagt, es soll geboren sein
zu Bethlehem ein Kindelein.

3. Er sagt, das Kind läg da im Stall
und soll die Welt erlösen all.

4. Als ich das Kind im Stall gesehn,
nicht wohl konnt ich von dannen gehn.

Singt bei den Wiederholungen das Echo leise.

Spielt mit einem Instrument erst lautere (bei „Alle“)
und beim Echo (bei „Einige“) leisere Halbe dazu (z. B. mit Triangel, Schellen).

Singt auf einen einzigen Ton „Benedicamus Domino“
(das heißt: „Lasst uns den Herrn loben“). Singt im Kanon.

18

Stern über Bethlehem

Text und Melodie: Alfred Hans Zoller

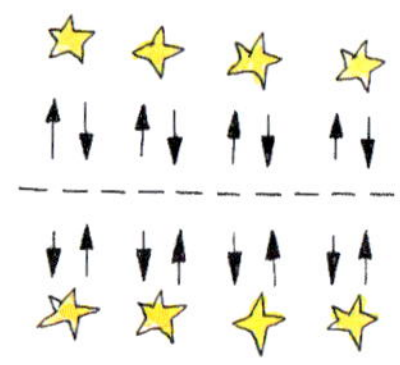

Takte 1–4

Takte 5 und 6

Takte 7 und 8

2. Stern über Bethlehem, bleibe nicht steh'n.
Du sollst den steilen Pfad vor uns her geh'n!
Führ uns zum Stall und zu Esel und Rind,
Stern über Bethlehem, führ uns zum Kind!

3. Stern über Bethlehem, nun bleibst du steh'n
und lässt uns alle das Wunder hier seh'n,
das da geschehen, was niemand gedacht,
Stern über Bethlehem in dieser Nacht.

4. Stern über Bethlehem, wir sind am Ziel,
denn dieser arme Stall birgt doch so viel!
Du hast uns hergeführt, wir danken dir.
Stern über Bethlehem, wir bleiben hier!

Bastelt Sterne aus Goldfolie und klebt sie an einen Stab.
Stellt euch in zwei Reihen gegenüber auf und lasst den Stern tanzen.

Singt jeweils bis zur Pause in einem Atemzug. Spielt mit einem passenden Instrument in die Pause beim Einatmen.

Findet ihr den Unterschied zwischen dem 1. und 2. Melodieabschnitt? Macht den neuen Ton beim Singen besonders deutlich.

Tanz der Zuckerfee

(Musikhören/Tanzgestaltung)

42

Hört euch die Musik von Peter Tschaikowsky (1840–1893) an.
Sie heißt „Tanz der Zuckerfee“. Warum passt sie zur Marionette?

Ihr liegt wie eine Marionette flach am Boden.
Von der Musik werdet ihr zum Leben erweckt.

Richtet euch auf wie eine Marionette, deren Kopf an einem Faden hängt.

Sucht euch einen Partner. Einer von euch stellt den Marionettenspieler dar.
Steigt auf einen Stuhl und zieht an unsichtbaren Fäden,
der andere ist die Marionette und bewegt sich dazu zur Musik.

Das auffällige Instrument heißt Celesta.
Lest etwas über dieses Instrument nach.

20

In einem leeren Haselstrauch

Text: Christian Morgenstern (1871–1914)
Musik: Wilfried Hiller (*1941)

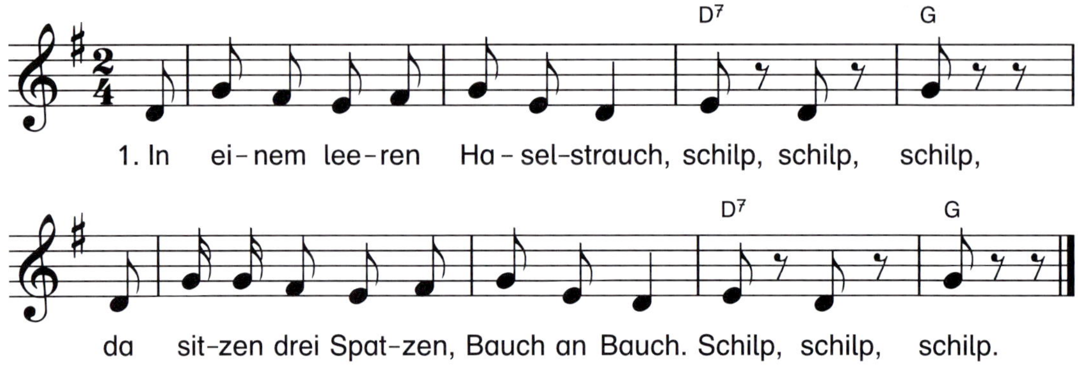

2. Der Erich rechts und links der Franz, schilp schilp schilp,
und mitten drin der freche Hans, schilp schilp schilp.

3. Sie haben die Augen zu, ganz zu, …
und oben drüber, da schneit es, hu! …

4. Sie rücken zusammen dicht an dicht. …
So warm wie Hans hat's niemand nicht. …

5. Sie hör'n alle drei ihrer Herzlein Gepoch. …
Und wenn sie nicht weg sind, so sitzen sie noch. …

Ahmt andere Vogelstimmen mit eurer Stimme nach.

Hört euch die Tonaufnahme von dem Lied an. Wie klingt das Klavier?

43 Hört, wie in anderen Kompositionen Vogelstimmen nachgeahmt wurden.

Der Winter ist ein rechter Mann

Text: Matthias Claudius
(1740–1815)
Melodie: Joh. Friedr. Reichardt
(1752–1814)

2. Aus Blumen und aus Vogelsang weiß er sich nichts zu machen, hasst warmen Trank und warmen Klang und alle warmen Sachen.
3. Wenn Stein und Bein vor Frost zerbricht und Teich und Seen krachen: Das klingt ihm gut, das hasst er nicht, dann will er tot sich lachen.
4. Sein Schloss von Eis liegt ganz hinaus beim Nordpol an dem Strande, doch hat er auch ein Sommerhaus im lieben Schweizerlande.
5. Da ist er denn bald dort, bald hier, gut Regiment zu führen, und wenn er durchzieht, stehen wir und sehn ihn an und frieren.

Sucht die Taktstriche. Das Lied ist im Viervierteltakt. 4/4
So können Takte im Viervierteltakt aussehen:

vier Viertel — drei Viertel und zwei Achtel — zwei Halbe — ?

Sucht sie in der Melodie.

Erfindet ein Klangspiel 

mit passenden Instrumenten.

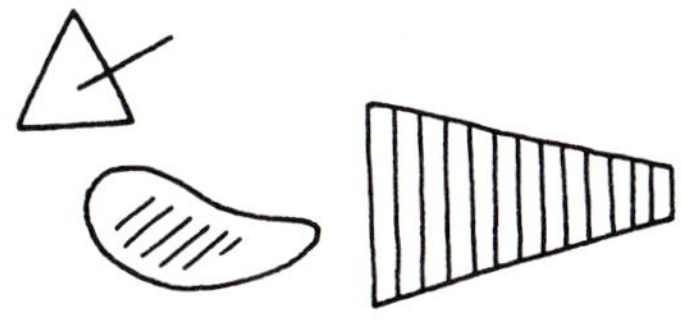

21

Wir hören Musik:

Der Vogelfänger

Text: Emanuel Schikaneder (1751 – 1812)
Melodie: Wolfgang Amadeus Mozart
(1756 – 1791) (aus der „Zauberflöte“)

Hört euch das Lied vom Vogelfänger an.
Wie oft erklingt Papagenos Flöte?

Sucht diese Stelle in den Noten.
Was bemerkt ihr an der Musik?

Singt das Lied. Ihr seid jetzt der Vogelfänger Papageno
und stellt euch mit einem kleinen Tänzchen vor.
Bastelt eine Panflöte und spielt den lustigen Vogelruf des Papageno.

Ich bin der Räuber Kasimir

Melodie: Jürgen Blume
Text: Rudolf Otto Wiemer
1. Strophe bearbeitet und verändert

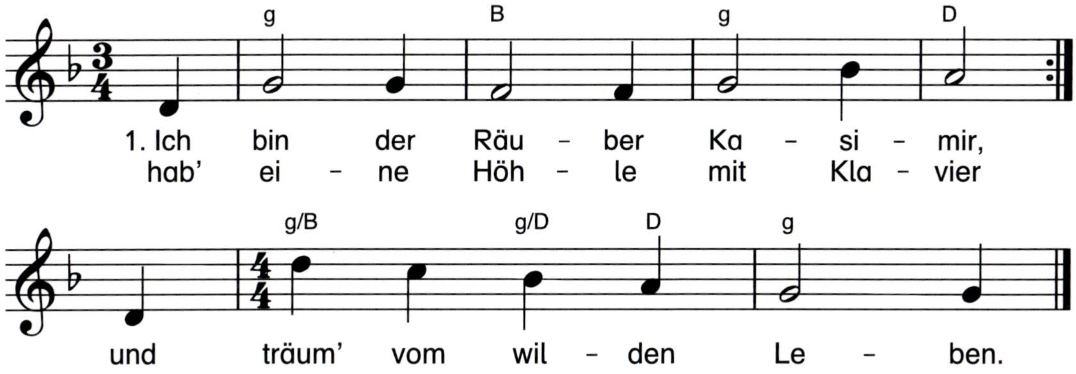

2. Ich habe einen schwarzen Hut,
die Feder ist so rot wie Blut,
und an den Stiefeln Sporen.

3. Das Messer, das ist spitz und scharf,
da schneid ich Brot mit, nach Bedarf
auch Wurst und Ziegenkäse.

4. Spät abends schleich ich durch den Wald,
und kommt ein Mensch, ob jung, ob alt,
frag ich ihn nach der Uhrzeit.

5. Ich trage die Pistole schwer,
doch schieße ich auf niemand mehr,
denn ich bin außer Diensten.

6. Am liebsten sitz ich am Klavier
und sing vom Räuber Kasimir
gar grässlich-schöne Lieder.

Singt das Lied auf die Tonsilben „la“, „ho“, „peng“.

Verkleidet euch als Räuber, singt und spielt zu den Strophen.

Wo wechselt die Taktart? Warum passt dies gut zum Text?

Tomatensalat

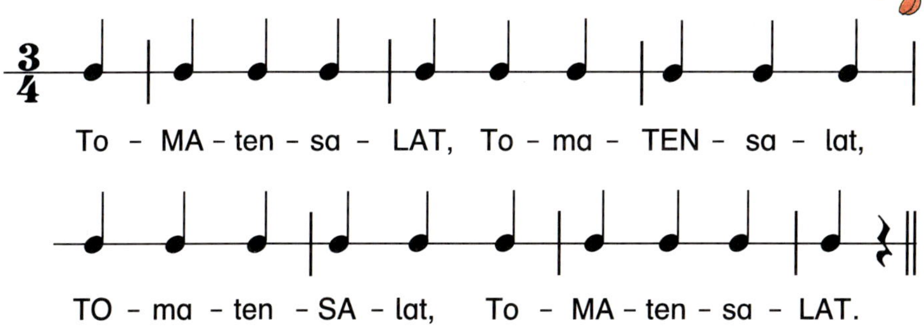

Begleitet euch mit Körperinstrumenten.

Erfindet selbst einen Sprechtext aus einem vier- oder fünfsilbigen Wort.

Meine Biber haben Fieber

Text: Wolfgang Hering/Bernd Meyerholz
Melodie: überliefert

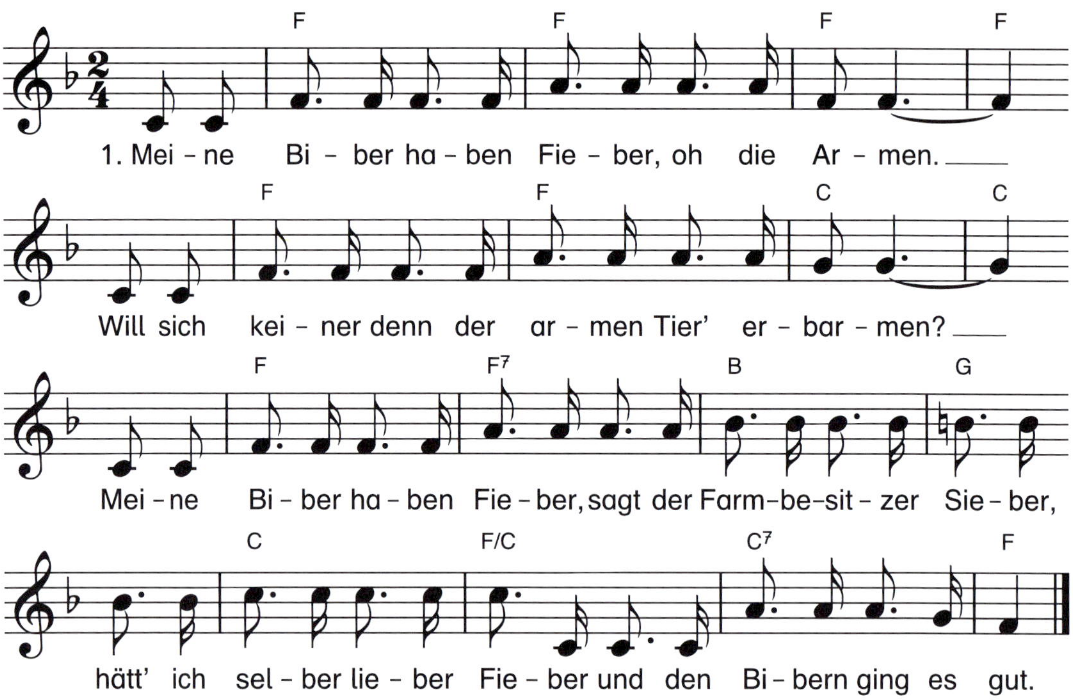

2. Meine Mäuse haben Läuse, o die Armen.
Will sich keiner denn der armen Tier' erbarmen?
Meine Mäuse haben Läuse, ach, es krabbelt im Gehäuse;
hätt' ich selber lieber Läuse und den Mäusen ging es gut!

3. Meine Hasen haben Blasen … Will sich keiner …?,
… von dem Grasen auf dem Rasen, hätt' ich selber lieber Blasen …

4. Meine Hummer haben Kummer … Will sich keiner …?
… sagt der Zoologe Brummer, hätt' ich selber lieber Kummer …

Singt diese Stelle besonders genau.
Erfindet eigene Strophen.

Gestaltet

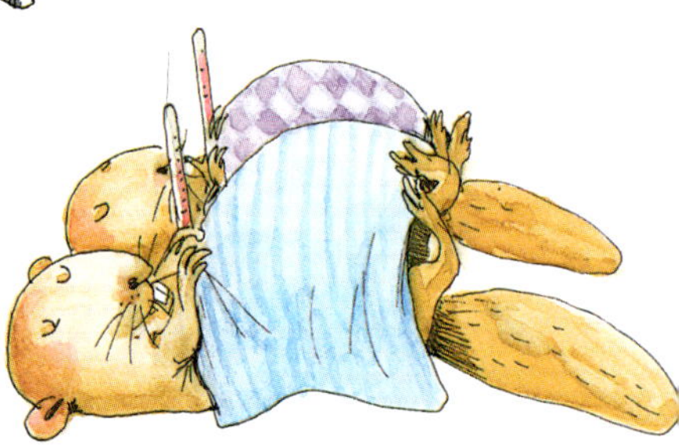

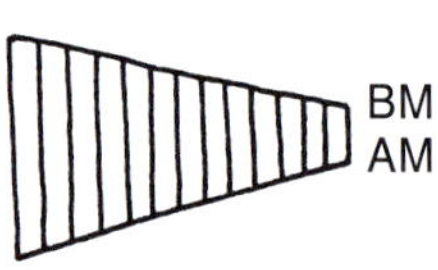

Kantele

Im Walde von Toulouse

Text und Melodie: überliefert, aus Frankreich
Deutscher Text: Ulrich Kabitz

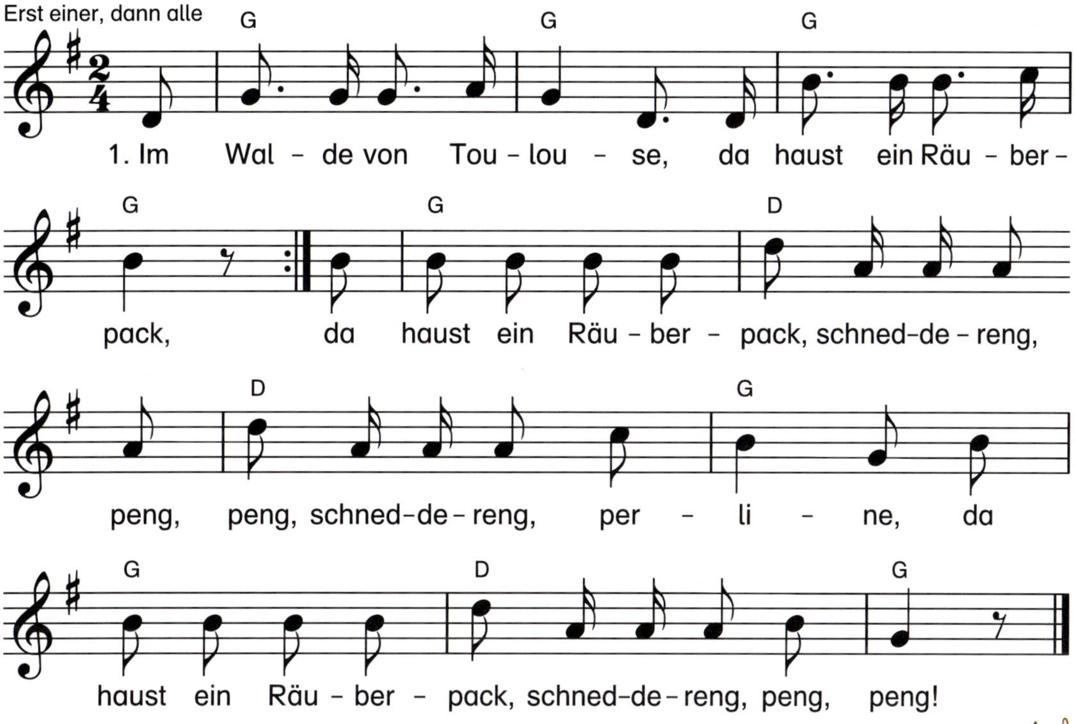

2. Es waren ihrer fünfzig, verborgen im Gebüsch.
3. Sie sprachen zueinander: „Schau nach, ob einer kommt!“
4. „Ich sehe einen kommen, der sitzt auf hohem Pferd!“
5. „Mein Herr, bleibt bitte stehen! Wo habt Ihr Euer Geld?“
6. „Ich hab’s in meiner Börse, ich hab’s in meinem Rock!“
7. „So gebt denn Eure Börse, sonst legen wir Euch um!“
8. „So nehmt denn meine Börse, doch lasst das Leben mir!“
9. Im gleichen Augenblicke, da kam die Polizei.
10. Da hoben alle Räuber ganz schnell die Hände hoch.
11. Im Walde von Toulouse gibt’s keine Räuber mehr.

Denkt euch zu jeder Strophe eine passende Bewegung aus.
Singt besonders deutlich: „Schneddereng, peng, peng …“

Begleitet das Lied mit Stabspielen oder auch mit zwei Trommeln.

Klangspiel mit Instrumenten

Gestaltet zu viert ein Klangspiel „Solo (Einer allein) – Tutti (Alle)“ und wählt euch dafür euer Lieblingsinstrument.

Lasst jeden einzelnen Spieler einmal als Solisten hervortreten und begleitet ihn dabei nur zurückhaltend.

Findet einen gemeinsamen Schluss.

Hey ya

Text und Melodie: überliefert, aus Kanada

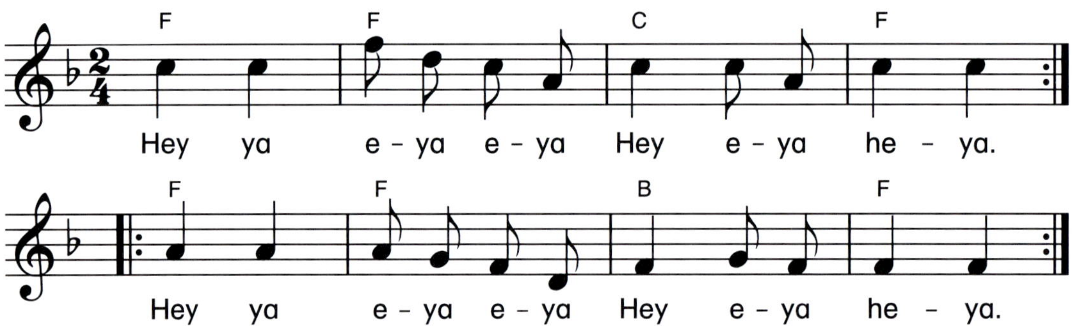

Baut euch Trommeln.
Das Lied steht im Zweivierteltakt. $\frac{2}{4}$
So können Takte im Zweivierteltakt aussehen:

Sascha

Text: Anton B. Kraus (Übers.)
Melodie: überliefert aus Russland

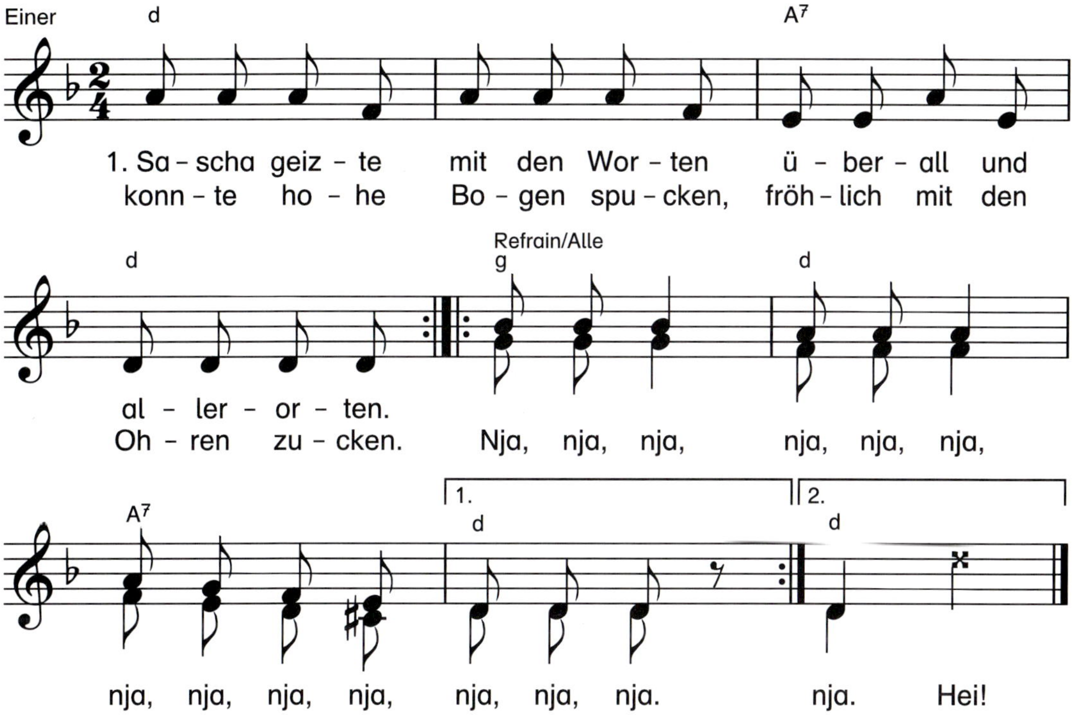

2. Saschas Vater wollt' mit Pferden
reich und wohlbehäbig werden,
viele drehten manche Runde,
zehn Kopeken in der Stunde.

3. Sascha liebte nur Geflügel,
Rosse hielt er streng am Zügel,
tat sie striegeln oder zwacken
an den beiden Hinterbacken.

4. Und die kleinen Pferdchen haben
Sascha, diesen Riesenknaben,
irgendwo herum gebissen
und die Hose ihm zerrissen.

Singt das „nja“ besonders deutlich.

Singt im Refrain zweistimmig.
Begleitet die Strophe mit einer Trommel.

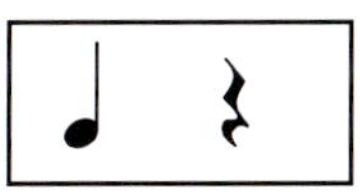

Klatscht im Refrain Achtel und Viertel.
Tanzt zum Refrain.

Bello Karamello

Text und Melodie: überliefert, aus Südamerika
Deutscher Text: James Krüss

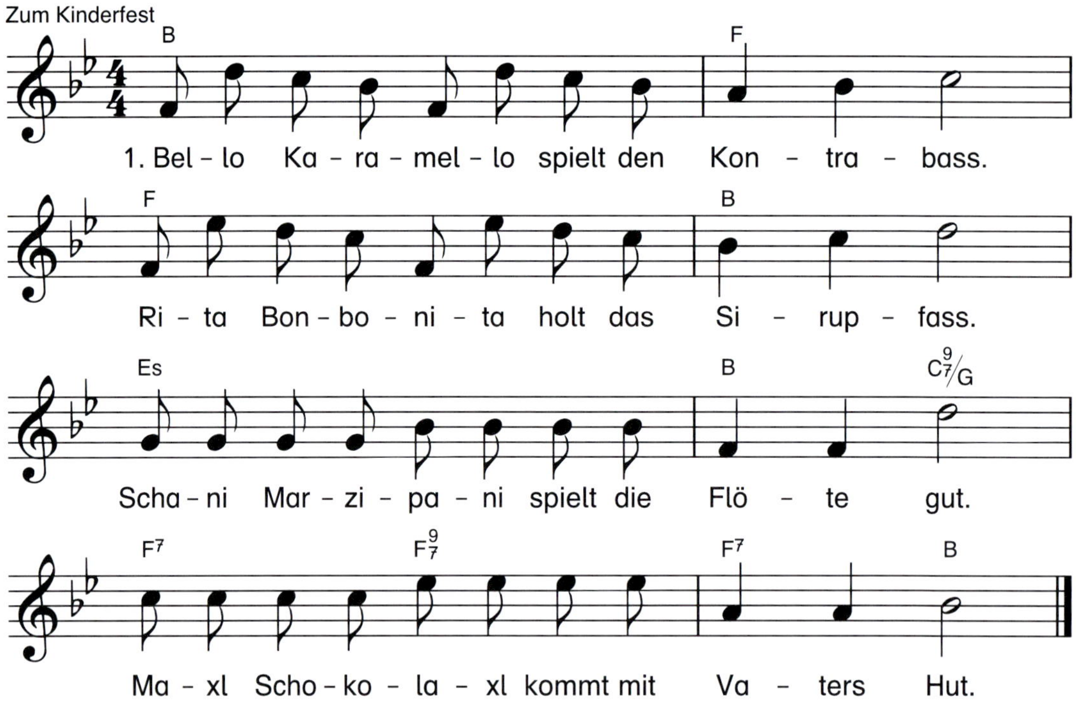

2. Eine dicke Torte ruft: Hört her, seid still! Weil sie ein paar Glückwunschverse sprechen will.
Lustige Lakritzen kann man tanzen sehn, und die Limonadengläser singen schön.

3. Leila Ostereila spielt Harmonika, Zuckerlucki tanzt mit der Veronika. Alle sind vergnügt und alle tanzen froh auf dem süßen Kinderfest von Bonbon-Jo.

Singt das Lied auf die Tonsilbe „dü“ (wie eine Flöte), auf „dum“ (wie ein Kontrabass) und spielt „auf dem Kamm“ (wie ein Saxophon).

Wählt euch einen lustigen Namen aus dem Lied aus und singt ihn mit eigenen Tönen vor.

Gestaltet ein Klangspiel **Glückwunschklänge für Bonbon-Jo** mit vier lustigen Instrumenten, auch selbst gebastelten.

Das Auto von Lucio

Melodie: überliefert aus Italien
Text und Spielidee: Gerhard Schöne

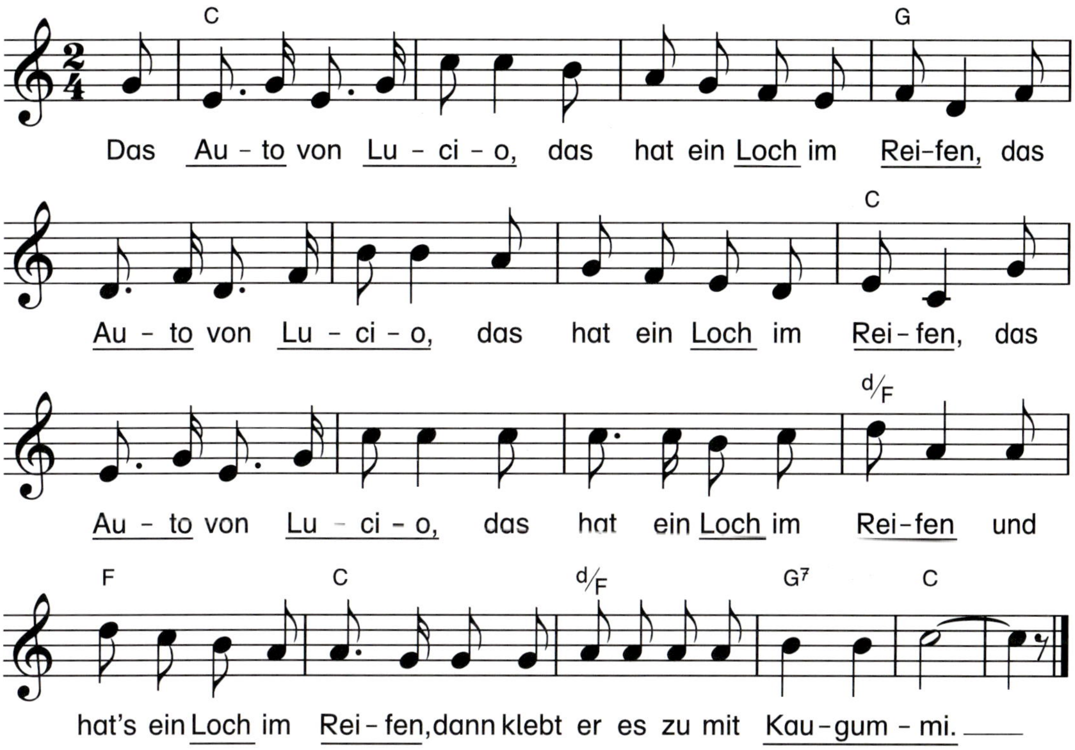

Stellt den Zweivierteltakt durch Patschen und Klatschen dar.

Ersetzt in jeder Strophe ein unterstrichenes Wort mehr durch die passenden Laute und Gesten.

Zwitschermusik

(Klangspiel mit der Stimme)

Jean Tinguély: L'Avantgarde, 1988

Stellt euch vor, diese sonderbare Figur würde sich bewegen und dabei allerhand sonderbare Klänge und Geräusche machen: eine „Zwitschermaschine".
Erfindet solche Klänge mit eurer Stimme.

Stellt mit verschiedenen Klängen eine lustige Zwitschermusik zusammen. Verwendet eure Stimme und eventuell Instrumente, auch selbst gebastelte.

Betrachtet das Bild genau.
Warum könnte die Maschine zwitschern?

Paul Klee: Die Zwitscher-Maschine, 1922.
Ölpause und Aquarell auf Papier, mit Aquarell und Feder eingefaßt, auf Karton.
The Museum of Modern Art, New York

Stellt eine „Zwitschermaschine“ mit mehreren Kindern dar und spielt die Zwitschermusik dazu.

Lasst die Zwitschermaschine immer schneller werden und zuletzt auseinander fallen.
Übt die Gestaltung für eine Aufführung.

Ma come balli bella bimba

Text und Melodie: überliefert, aus Italien

2. Danza al mattino, danza alla sera,
sempre leggera, sembra volar!

Liedinhalt: Dieses Lied ist ein Tanzlied über ein hübsches Mädchen, das den ganzen Tag tanzt.

Stellt den Dreivierteltakt $\frac{3}{4}$ mit Patschen, Klatschen und Schnalzen dar und begleitet damit den Refrain.
So können Takte im Dreivierteltakt aussehen:

Begleitet den Refrain mit Stabspielen:

Erfindet einen Tanz zu dem Lied.

The farmer in the dale

Text und Melodie: überliefert, aus England

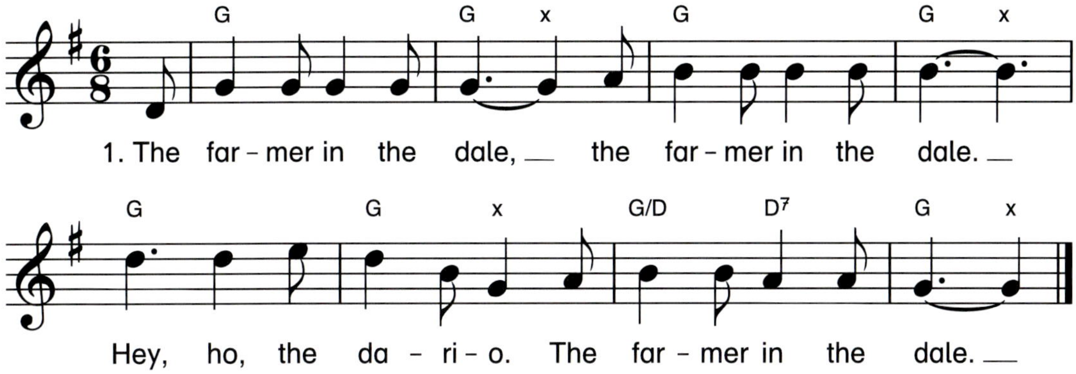

2. The farmer takes a wife …
3. The wife takes a child …
4. The child takes a cat …
5. The cat takes a rat …
6. The rat takes a cheese …
7. The cheese stands alone …

Singt das Lied und schnalzt mit den Fingern nach jedem Abschnitt oder spielt mit einem Schlaginstrument (bei x).

Betrachtet die Noten und sucht in jedem der vier Abschnitte den Ton, der dort am häufigsten vorkommt. Singt diese Töne und findet sie auf dem Stabspiel. Merkt euch ihre Namen mit Hilfe eines Stabspieles und merkt euch auch, wo sie in den Notenzeilen stehen.

Begleitet das Lied mit Stabspielen.

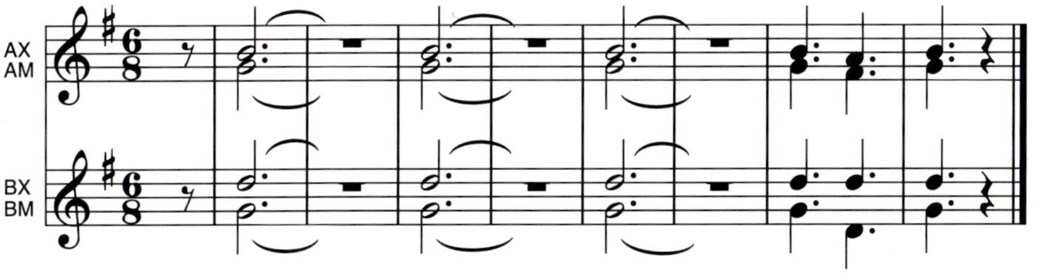

Hey, Pippi Langstrumpf

Text und Melodie: Jahn Johansson/
Konrad Elfers/Wolfram Franke

Singt bei „Hey Pippi Langstrumpf“ zweistimmig.
Kennt ihr noch andere Lieder aus Kinderfilmen?

Musik im Alltag

Wart ihr schon einmal in einem Konzert? Erzählt.

Welche Musiksendungen im Radio und im Fernsehen kennt ihr?

Was hört ihr am liebsten? Stellt ein Wunschkonzert zusammen. Beschreibt, warum euch diese Musik besonders gut gefällt.

Hat euer Lieblingslied einen Refrain? Singt vor.

Könnt ihr in eurem Lieblingslied verschiedene Abschnitte erkennen, die sich wiederholen?

Begleitet bekannte Lieder aus der Pop- und Rockmusik mit diesem Rhythmus:

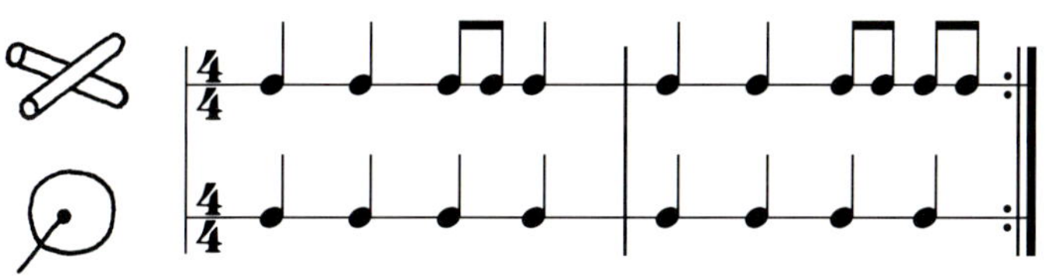

Erkennt ihr bestimmte Sendungen an der Musik? Singt die Erkennungsmelodie.

Welche Aufgabe hat die Musik in der Werbung?

Auf einem Baum

Text und Melodie: überliefert

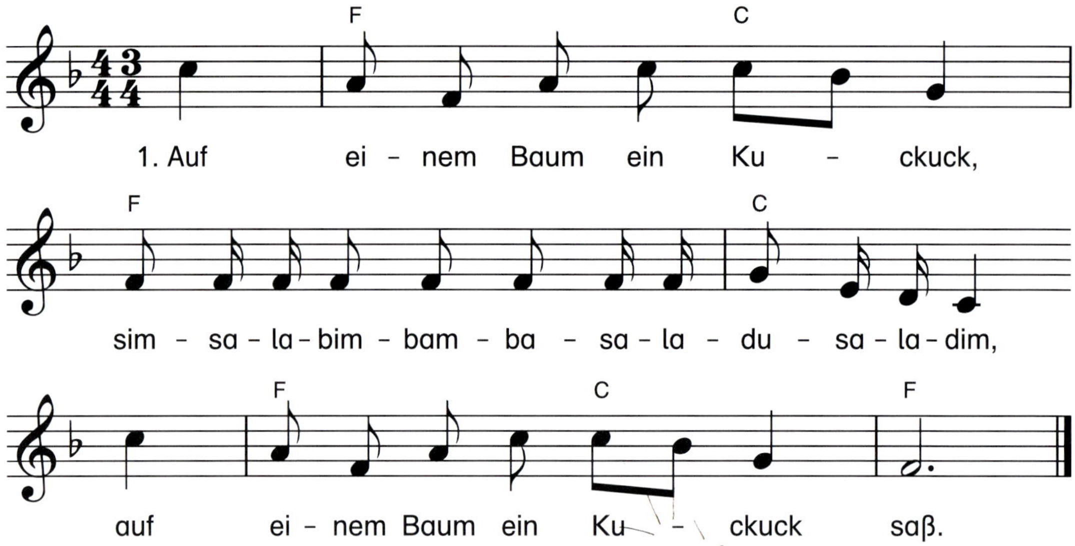

2. Da kam ein junger Jägers ... mann.
3. Der schoss den armen Kuckuck ... tot.
4. Und als ein Jahr vergangen ... war,
5. da war der Kuckuck wieder ... da.

Sprecht und singt „simsalabimbambasaladusaladim“ besonders deutlich. Gestaltet mit einigen dieser Silben lustige Phantasiewörter.

Begleitet das Lied auf den Stabspielen.

Begleitsatz: Chr. Hoerburger

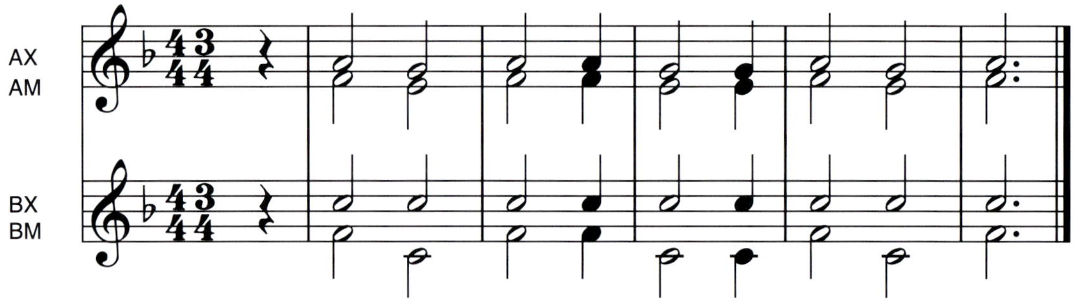

Das Lied ist dreiteilig. Die Teile nennt man A – B – A.
Sucht sie in den Noten.

Auf dem Berge Sinai

Text: überliefert

Auf dem Berge Sinai
wohnt der Schneider Kikriki.
Seine Frau, die Margarethe,
saß auf dem Balkon und nähte,
fiel herab, fiel herab,
und das linke Bein brach ab.
Kam der Doktor angerannt
mit der Nadel in der Hand.
Näht es an, näht es an,
dass sie wieder laufen kann.

Sprecht zu dem Reim als Begleitung jeweils einen der rhythmischen Bausteine.

Sucht euch Instrumente und erfindet ein Klangspiel *Lied der Margarethe.*

24

Im Lande Zimbi

Text und Melodie:
Günther Kretzschmar

Begleitet den Refrain mit Patschen und Klatschen im Wechsel, beim Schlusston mit Fingerschnalzen.

Singt den Refrain langsam. Dieser Melodieteil ist in „Dur".
Singt die Strophe langsam. Dieser Melodieteil ist in „Moll".

Heut flatterte durch unsre Stadt

Text: Josef Guggenmos
Melodie: Dorothée Kreusch-Jacob

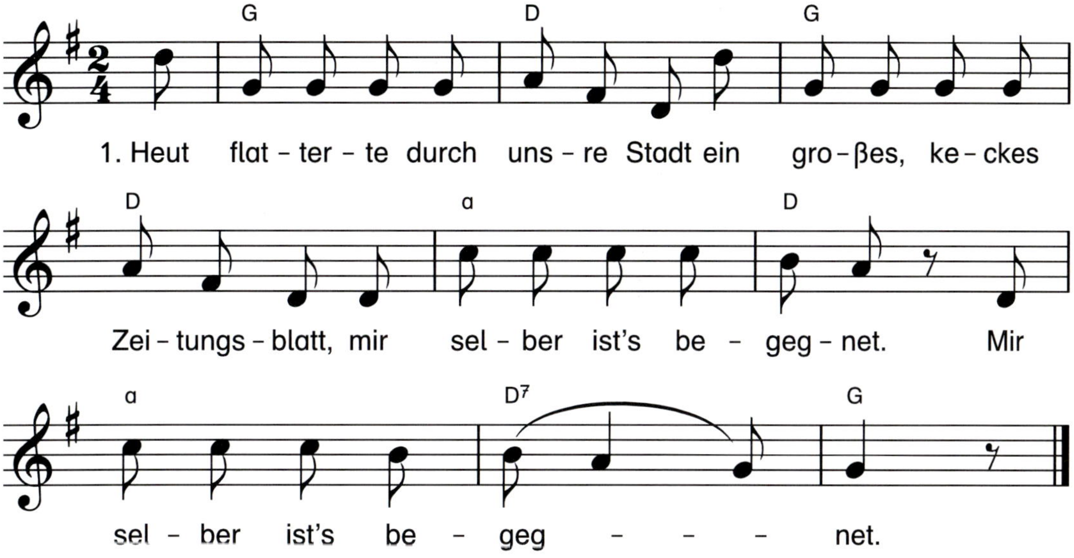

2. Herab die Straße im Galopp
kam es gelaufen, hopp, hopp, hopp.
Es hüpfte, hopste, tanzte.

3. Allmählich wurd' es müd', es kroch,
es schlurfte nur, es schlich nur noch.
Und legte still sich nieder.

4. Da lag's, wie eine Flunder platt.
Dann aber tat das Zeitungsblatt
ganz plötzlich einen Sprung.

5. Stieg steil empor in kühnem Flug,
wobei es ein paar Saltos schlug,
und landete dann wieder.

6. Da saß es nun und duckte sich.
Jetzt krieg ich dich – doch es entwich
mit tausend Purzelbäumen.

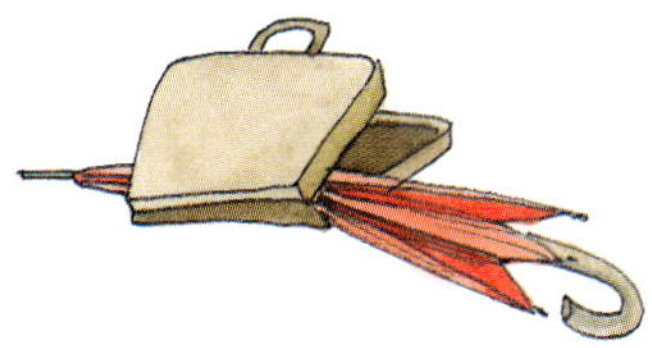

Führt zu jeder Strophe die passenden Bewegungen aus.

Findet Geräusche mit Zeitungspapier.

Sucht euch einige davon aus, die ihr als Vor- und Zwischenspiel verwenden könnt.

26

Der Winter ist vorüber

Text und Melodie: aus der Schweiz
dt. Textfassung: Kurt Suttner

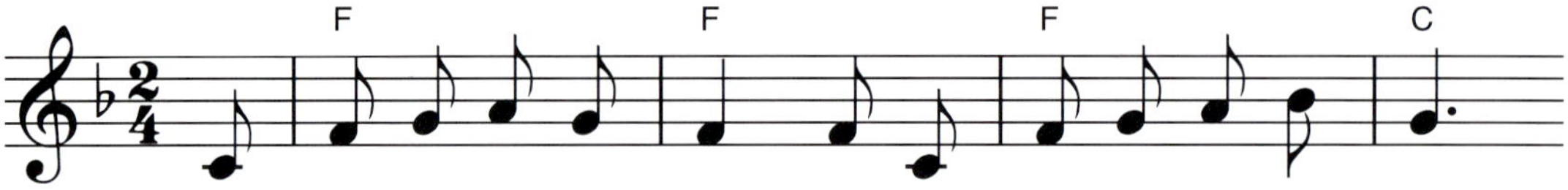

1. Der Win-ter ist vo - rü - ber, A - pril ist auch vor - bei,
1. L'in - ver-no è pas - sa - to, l'a - pri - le non c'è più,

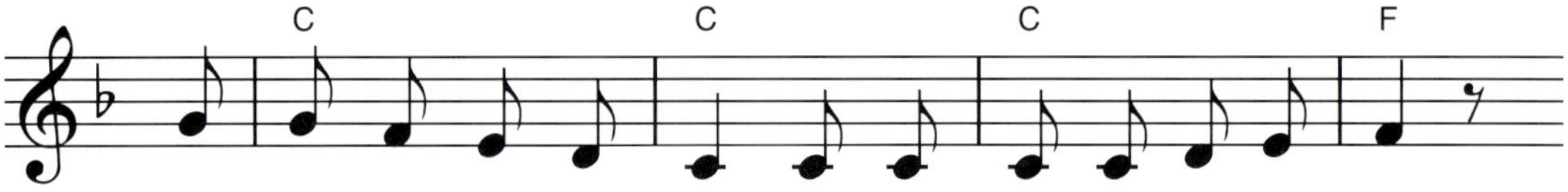

und mit des Ku-ckucks Ru - fen kommt nun der Mo-nat Mai.
è ri - tor - na to il mag - gio al can - to de cu - cù.

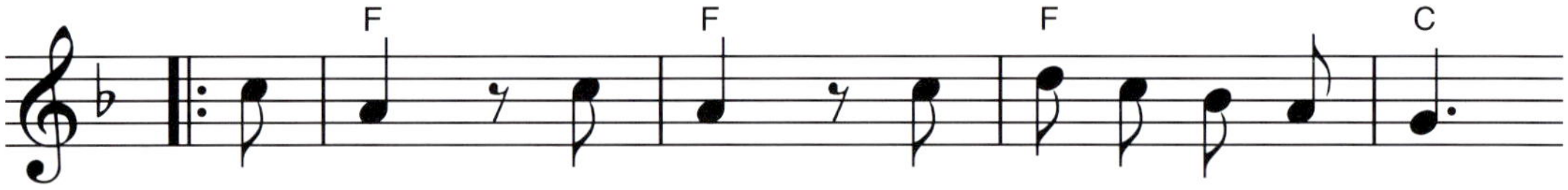

Ku - ckuck, Ku - ckuck, A - pril ist auch vor - bei,
Cu - cù, cu - cù, l'a - pri - le non cè più,

und mit des Ku-ckucks Ru - fen kommt nun der Mo-nat Mai.
è ri - tor - na - to il mag - gio al can - to del cu - cù.

2. Da droben in den Bergen
sind Eis und Schnee getaut,
im Walde sucht der Kuckuck
ein Nest, das schon gebaut.
Kuckuck, Kuckuck,
sind Schnee und Eis getaut,
im Walde sucht der Kuckuck
ein Nest, das schon gebaut.

2. Lassù per le montagne,
la neve con c'è più,
comincia a far il nido
il povero cucù.
Cucù, cucù,
la neve non c'è più,
comincia a far il nido
il povero cucù.

Begleitet das Lied mit Stabspielen in zwei Gruppen (vierstimmig).

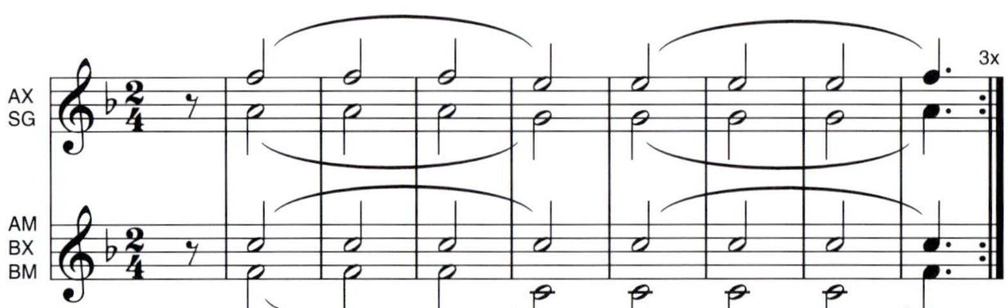

Komm, lieber Mai

Text: Christian Adolf Overbeck (1755–1821)
Melodie: Wolfgang Amadeus Mozart (1756–1791)

28

Singt die Melodie auf Tonsilben („dü“ – „la“ – „bu“). Atmet nur bei den Pausen.

Die Kinder wünschen sich, dass der liebe Mai kommt. Achtet einmal darauf, wie eure Stimme klingt, wenn ihr euch etwas wünscht. Singt das Lied so.

Wie hat Mozart die Melodie gestaltet, dass man das Wünschen heraushören kann?

Hier gehören immer zwei Notenzeilen zusammen. Der Klavierspieler (Pianist) spielt die obere Zeile mit der rechten Hand und die untere mit der linken.

Erfindet ein Klangspiel Komm lieber Mai mit geeigneten Instrumenten.

44

Wir hören Musik:

Der Regen

(Lothar Voigtländer, *1943)

Hört euch das Lied an. Welche Klänge passen zum Regen?

Hört euch das Lied noch einmal an und merkt euch die Stellen „tripp tripp tropp“, „so ein großer Regen“, „La la la la la la la la“, „brrrrr“. Ahmt (singt) sie nach.

Gestaltet ein Klangspiel tripp tripp tropp mit der Stimme und mit Regengeräusch-Instrumenten (Rasseln).

An der Haltestelle

Text und Melodie: Diether de la Motte

30

2. Doch die Leute sagen zu dem Fahrer: „Der Bus ist so riesengroß.
Wenn es voll wird und kein |: Platz mehr frei ist, :|
nimmt einer sie auf den Schoß."

3. „Vielen Dank, Herr Fahrer und ihr Leute, doch bin ich zu heiß und schwer.
Ich will eure Mäntel |: nicht verbrennen :|
und fliege im Bus umher."

4. Einen Bus, der leuchtet wie die Sonne, den hat man noch nie gesehn.
Und so bleiben in den |: engen Straßen :|
die Leute verwundert stehn.

5. Bei dem Kaufhaus sagt die Sonne „Danke" und fliegt aus dem Bus heraus.
Limonade holt sie |: sich zehn Flaschen :|
und schleppt sie zu sich nach Haus.

6. Manchmal passt sie nicht gut auf beim Trinken, dann fällt eine Flasche um.
Wenn es regnet, schmeckts wie |: Limonade :|
Jetzt wissen wir auch, warum.

Zeigt in den Noten die Tonwiederholungen und singt sie.

Wir hören Orgelmusik:

45

Toccata in d-Moll (Johann Sebastian Bach, 1685–1750)

Lasst euch eine Orgel vorführen. Lasst euch glitzernde, brausende, zarte, dunkle Klänge vorspielen.

Merkt euch Manual (Tastatur), Pedal, Register, Traktur, Pfeife, Prospekt.

Die Toccata von Bach kann man kaum singen, sie passt nicht zur Singstimme. Diese Musik passt viel besser zur Orgel. Warum wohl? Schaut dem Organisten auf die Hände.

Warum kann man zu dieser Musik nicht gut tanzen oder gehen?

Tiren gelir

Text und Melodie: überliefert, aus der Türkei

32

2. Erciyasa kar yağar,
ley, ley, limi limi ley.
Hep altında güller var,
limi limi güzel gel bize.

3. Duydum yar bize gelmiş,
ley, ley, limi limi ley.
Safa gelmiş, hoş, gelmiş,
limi limi güzel gel bize.

Liedinhalt: Ein Mann wartet auf seine Liebste, doch der Zug ist leer. Er hat noch Hoffnung, denn unter dem Schnee wachsen rote Rosen. Irgendwann hört er, dass seine Liebste gekommen ist.

Singt das Lied auf „ley“ und „limi“.

Macht die Eisenbahngeräusche mit der Stimme nach.
Ihr könnt die rhythmischen Bausteine nacheinander oder gleichzeitig verwenden.

Nonsens-Quodlibet

33

Mit Prallhall

Text: Johann Heinrich Voß (1751 – 1826)
Musik: Wilfried Hiller (*1941)

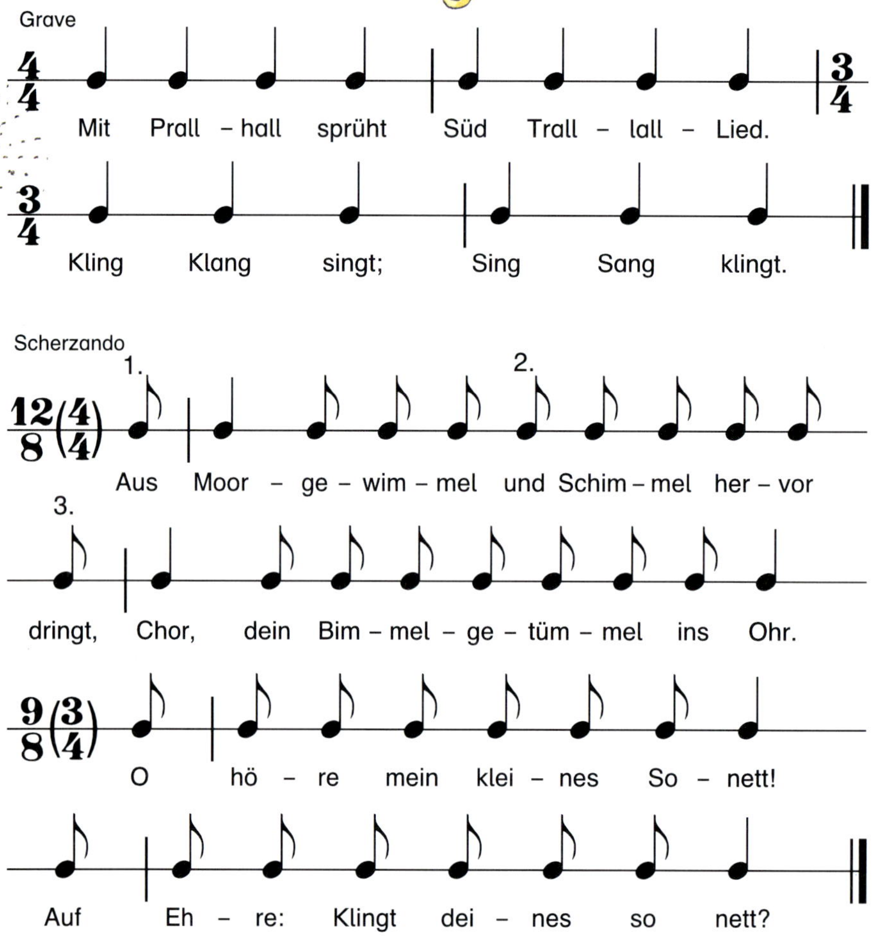

Begleitung zu beiden Gedichten:

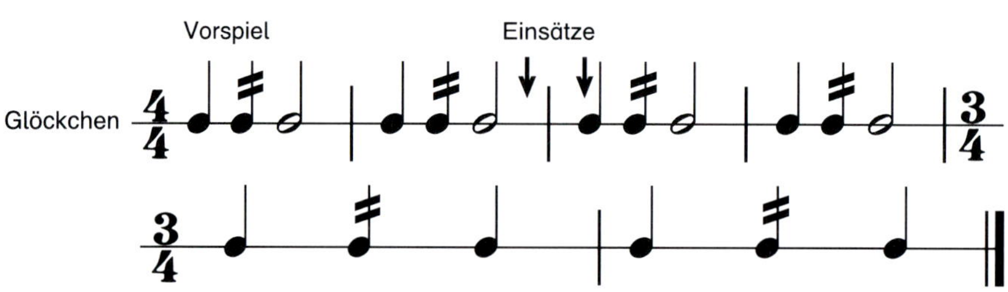

Sprecht beide Gedichte als Quodlibet, also gleichzeitig (zweistimmig) im Takt.

Sprecht das zweite Gedicht im Kanon.

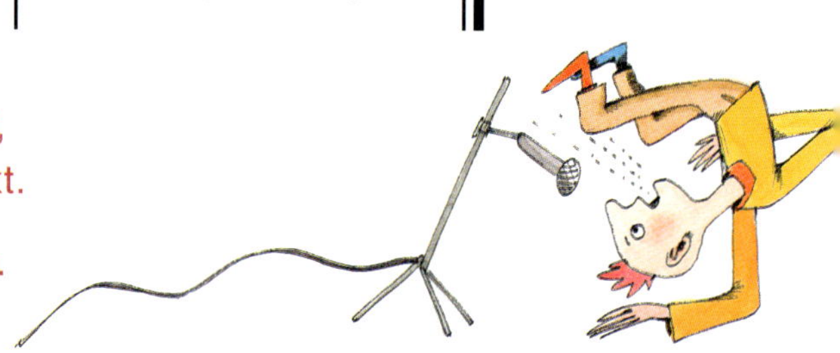

Drei Wolken am Himmel

Text und Melodie: überliefert

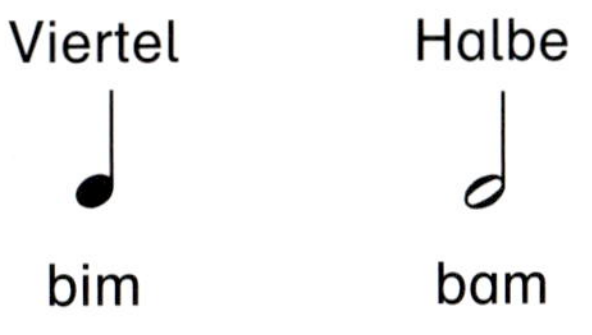

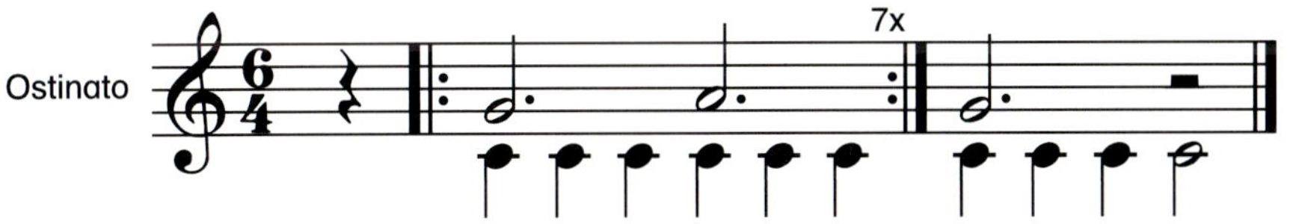

Bewegt euch so zum Lied, als ob ihr der Messner wärt, der die Glocke läutet.
Singt dazu auf die Tonsilben „bim“, „bam“.

Singt das Lied als Kanon.

Spielt mit Trommeln ein Vorspiel und ein Nachspiel zum Lied.

Sucht diese Stelle in der Melodie,
spielt sie mit Stabspielen
und lasst sie immer leiser werden.

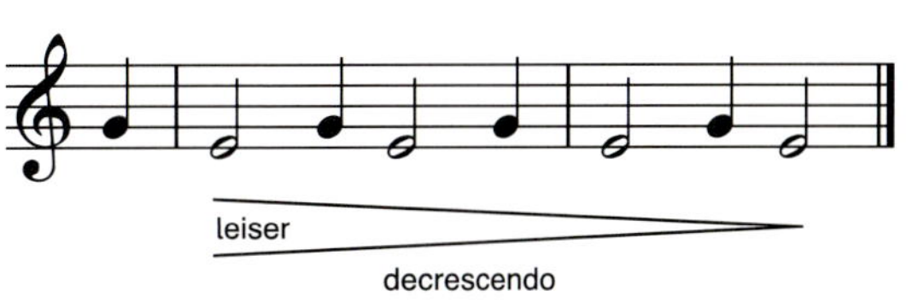

Bitte, gib mir doch ein Zuckerstückchen

Text: Lieselotte Holzmeister
Melodie: überliefert, aus Portugal

2. Sattel' mir mein Pony früh am Morgen, wenn es taut vom Himmel,
wenn im Hof sich alle Pferde tummeln, Rappe, Fuchs und Schimmel.
Weit übers Land ...

3. Meinem Jonny noch ein Zuckerstückchen und dann geht's ins Weite.
Und das Ponypferdchen wiehert, wenn ich singe, wenn ich reite.
Weit übers Land ...

Begleitet das Lied. 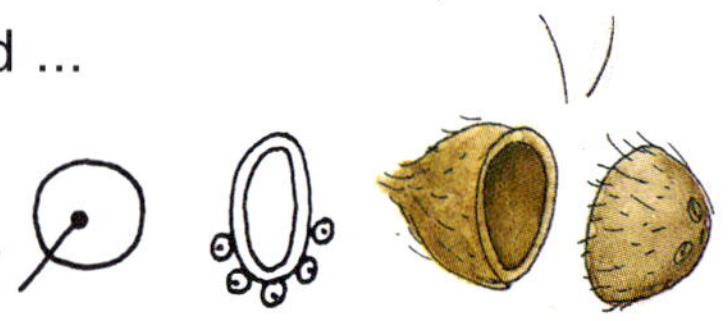

Diese Noten heißen Achtel. 

Klatscht zum Refrain diesen Rhythmus: 

Begleitet den Refrain mit Stabspielen.

Der erste Teil des Liedes (die Strophe) ist in Moll, der Refrain in Dur.
Kennt ihr Lieder, bei denen das auch so ist?

Hashual

Text und Melodie: überliefert

35

Das Lied erzählt eine Geschichte. Spielt dazu.

Begleitet das Lied im zweiten Teil durch Fingerschnalzen.

Ihr könnt das Lied als freien Tanz gestalten.

37

Wogende Wellen (Der blaue Delphin)

Text: Andrea Thiel
Melodie und
3. Strophe: Uli Führe

2. Sandiger, sanfter Sonnenstrand,
heute bleibe ich lieber an Land.
Lasst den Delphin auf den Wellen reiten,
lachend das segelnde Schiff begleiten.
Würde so gerne mit ihm ziehn,
ach, du mein wendiger blauer Delphin.

3. Brausende Brandung, blaues Meer,
komm doch, blauer Delphin, zu mir her.
Nimm hier ein' Fisch mit auf deine Fahrten,
werde ein' Sommer lang auf dich warten.
Würde so gerne mit ihm ziehn,
ach, du mein wendiger blauer Delphin.

Sprecht und singt besonders deutlich; w w w bei: wogende Wellen wiegen, s s s bei: sandiger, sanfter Sonnenstrand, b b b bei: brausende Brandung, blaues …

Wiegt euch beim Singen wie die Wellen hin und her.
Sucht euch Instrumente aus und spielt eine Tanzmusik für den Delphin.

Heijo

Text und Melodie: überliefert, aus Taiwan

39

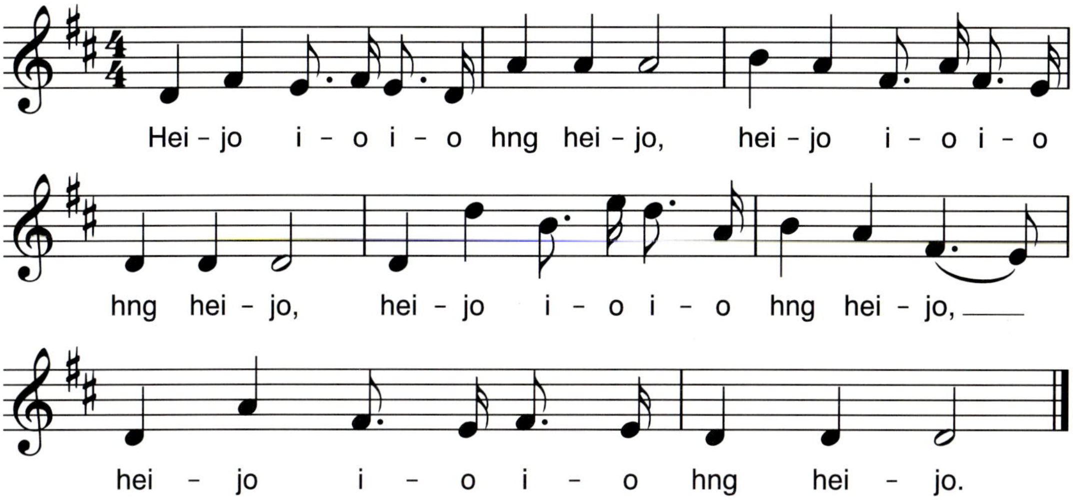

Spielt die Fischer, die ihre Netze einziehen und ruft dazu „hei – jo“.

Begleitet mit Stabspielen.

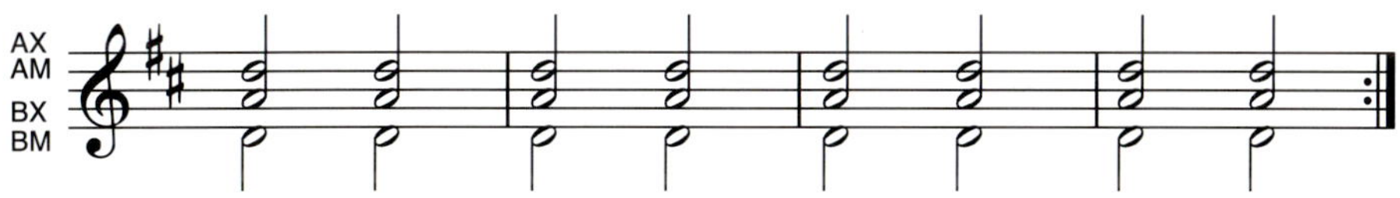

Eure Lehrerin erklärt euch,
wie die Fischer in Taiwan tanzen.

Drei trappelnde Rappen

(Zweierlei Musik)

Text: Josef Guggenmos
Rhythmus: Heinz Lemmermann

Der Autor hat den Sprechtext „Zweierlei Musik“ genannt.
Könnt ihr euch denken, warum?

Sprecht die beiden Teile unterschiedlich:
laut und schnell,
leise und langsam.

Sucht euch Klapperinstrumente
und begleitet damit den ersten Teil.

Bastelt euch für die Begleitung des
zweiten Teils eine Glickserglucksseröhre
und ein Rieselbrett.

Mir samma die lustigen Hammerschmiedsgselln

Text und Melodie: überliefert

2. Samma schwarz, samma weiß, ja was liegt denn da dro,
liegt denn da dro, liegt denn da dro?
So lang si a Hammerschmied abwaschn ko, abwaschn ko, ko!

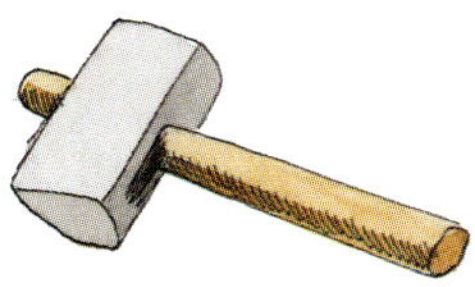

3. Drum Hammerschmied, Hammerschmied, hammerts nur zua,
hammerts nur zua, hammerts nur zua!
Und wemma gnua g'hammert hom geb ma a Ruah, geb ma a Ruah, Ruah.

Setzt euch bei diesem Lied im Kutschersitz auf den Stuhl.

Lernt das vierteilige Klatschmuster und spielt es zu zweit.

Lernt das Lied und klatscht dazu. Das Klatschmuster ist im Viervierteltakt, das Lied im Dreivierteltakt.

Der Tanz der wilden Kerle

Es war einmal ein Junge mit dem Namen Max. Eines Nachts träumte er, dass er durch einen hohen Wald ging und nach langer Zeit zu einem Ort kam, wo die wilden Kerle wohnten. Als diese ihn sahen, brüllten sie und zeigten ihre fürchterlichen Zähne, rollten mit ihren fürchterlichen Augen und zeigten ihre fürchterlichen Krallen. Aber Max zähmte sie: „Seid still!" Er starrte in ihre gelben Augen ohne ein einziges Mal zu zwinkern. Die wilden Kerle bekamen Angst, nannten ihn den wildesten Kerl und machten ihn zu ihrem König. „Und jetzt machen wir Krach", rief Max.

Da fingen sie an zu toben und zu tanzen. Sie hängten sich an die Äste und wippten und schaukelten, mal schneller, mal langsamer. Sie schauten sich ganz fröhlich an. Sie hakten sich mit den Armen ein und sprangen um die Bäume herum. Zuletzt sanken sie müde ins Gras.

Auch Max war erschöpft und wollte gern wieder zu Hause sein. Da wachte er schon auf und war froh, dass der Traum zu Ende war.

(Nach Maurice Sendak)

Bastelt euch Masken, die euch in wilde Kerle verwandeln.

Findet Tanzbewegungen, Gebärden und einen Tanzweg für die wilden Kerle. Gestaltet eine abwechslungsreiche Folge damit und tanzt wie die wilden Kerle.

Findet mit geeigneten Instrumenten Klänge, die zum Wildsein passen.
Verwendet auf den Stabspielen auch Zweiklänge, Tonwiederholungen,
Glissandi, laute oder unheimliche Klänge.

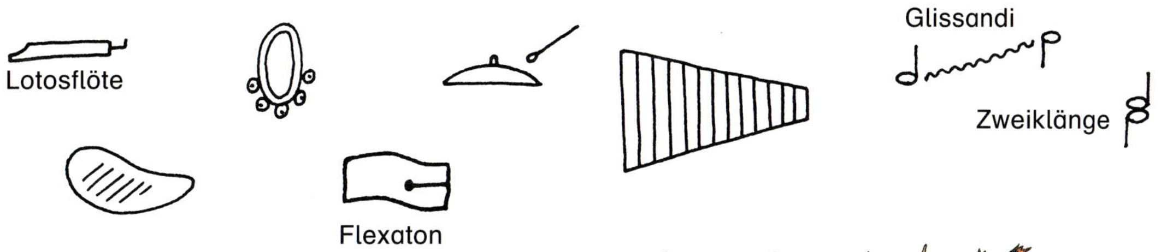

Gestaltet eine abwechslungsreiche Musik: Tanz der wilden Kerle.
Stimmt jetzt Musik und Tanz aufeinander ab.

Zum Weitersingen

Bin i net a schöna Hoh'?

Text und Melodie: überliefert

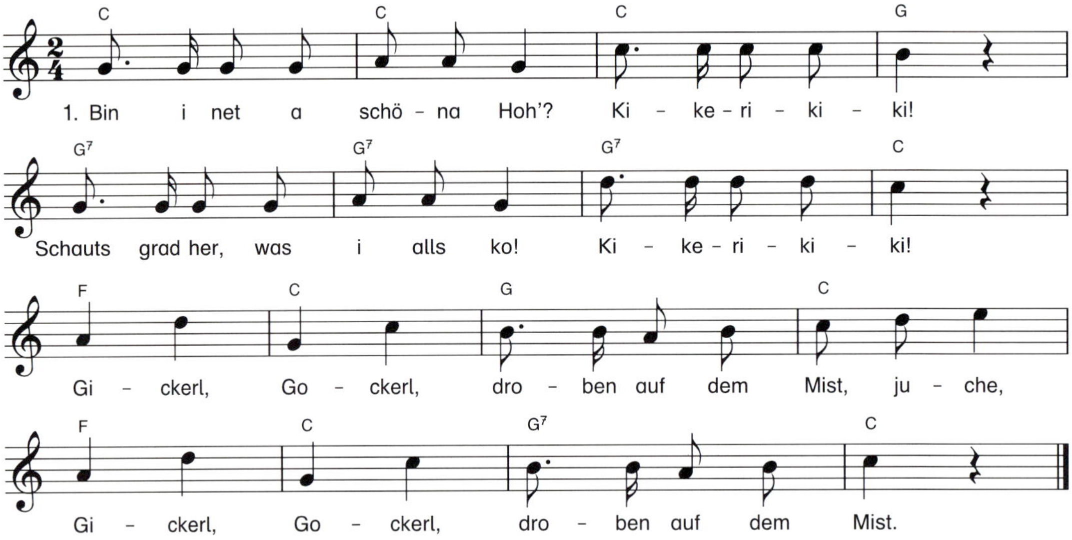

2. Bei der Nacht um halbe zwoa, kikerikiki,
   macht der Gockl einen Schroa, kikerikiki.
   Gickerl, Gockerl ...

3. 's Gickerl, des hot recht laut kraht,
   kikerikiki,
   hot'sn glei vom Stangerl draht, kikerikiki.
   Gickerl, Gockerl ...

4. 's Gickerl is auf d'Wiesn ganga, kikerikiki,
   wollt sich einen Regnwurm fanga,
   kikerikiki.
   Gickerl, Gockerl ...

5. 's Gickerl is ins Wasser gfalln,
   kikerikiki,
   müaß ma's wieder aussaholn,
   kikerikiki.
   Gickerl, Gockerl ...

6. 's Gickerl hot de ganz Nacht kraht,
   kikerikiki,
   habns eahm glei an Hals umdraht,
   kikerikiki.
   Gickerl, Gockerl ...

Tanzform

Die Kinder stehen sich paarweise gegenüber und bewegen sich aufeinander zu und auseinander. Keine Handfassung.

(A)	Takt 1, 2:	4 „gestelzte“ Gehschritte (wie ein Gockel) aufeinander zu.
	Takt 3, 4:	Rhythmisches Nachahmen des Flügelschlags mit den Armen („kikerikiki!“).
	Takt 5, 6:	4 „gestelzte“ Gehschritte rückwärts zum Ausgangspunkt.
	Takt 7, 8:	wie 3, 4.
(B)	Takt 9:	Mit einem Fuß über den anderen tupfen, dabei „Flügelspreizen“.
	Takt 10:	Mit dem anderen Fuß tupfen.
	Takt 11, 12:	Drehen am Platz mit Nachahmen des Flügelschlages.
	Takt 13–16:	wie 9–12.

Mir müaßet hintr d'Hecka

Aus: Niederwieser/Schwaiger
„Das schwäbische Bauernjahr",
1. Str. und Melodie: überliefert,
2. Str.: Gertraud Gerich, Rain am Lech

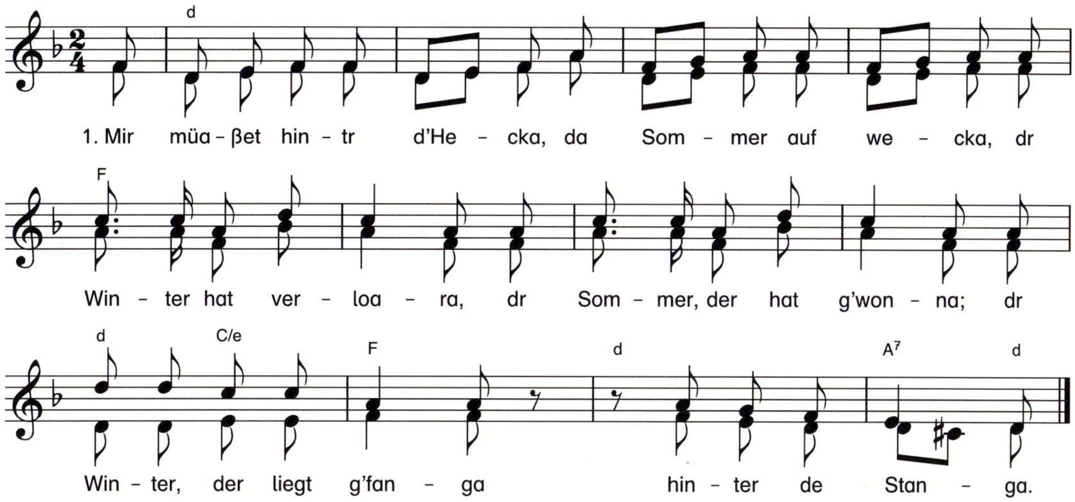

2. Mir treibat 'n unter d' Brucka,
dr Winter muaß si ducka.
Dr Winter hat koi Kraft,
dr Sommer kommt mit Macht
und d' Buscha schlaga aus.
Winter gib auf!

Staad, staad

Text: Gustl Laxganger Melodie: Kurt Brüggemann

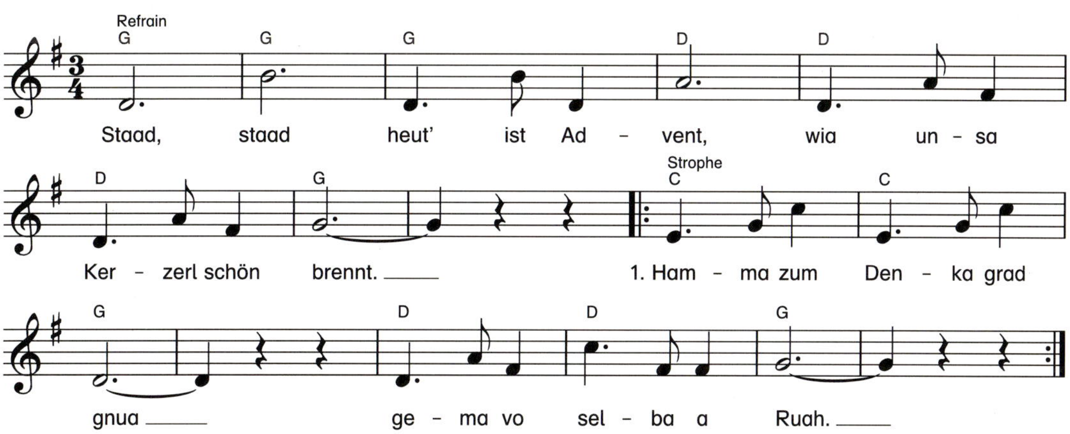

2. Suach ma und finden ma gar
morgen von am Engal a Haar.

3. Ham ma zum Wünschn no Zeit,
's Christkindl is nimma weit.

Ja, mei Vodder is a brover Moo

Text und Melodie: Ingeborg Degelmann

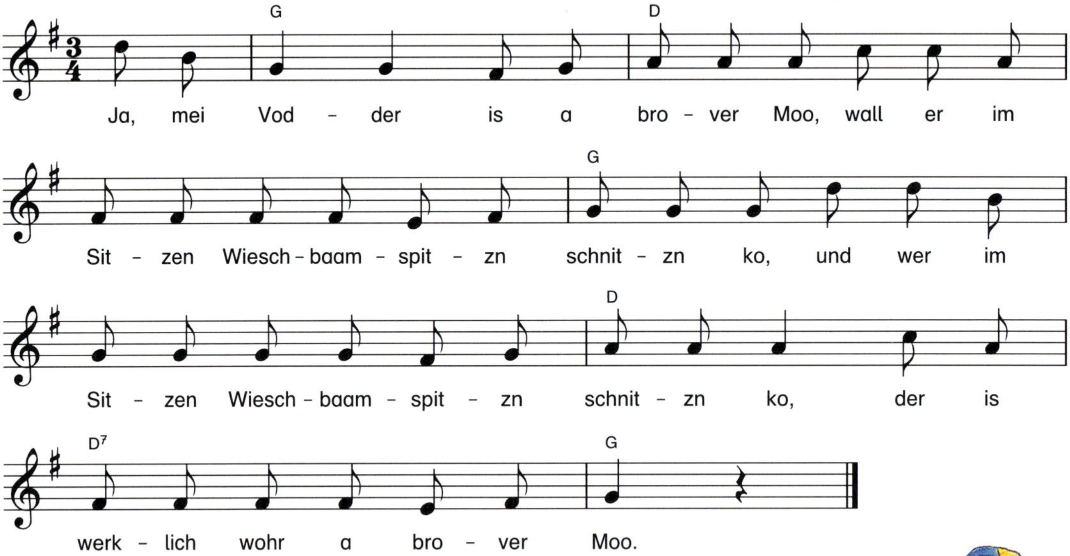

... wall er a Hosegros für Hosn grosn ko, und wer ...
... wall er die Steckn aus der Heckn peckn ko, und wer ...
... wall er die Luckn in der Stubnbruck bruckn ko, und wer ...
... wall er den Lattnzaun am Gartn lattn ko, und wer ...
... wall er die Stanga naufn Ranga langa ko, und wer ...
... wall er sei Glatzn mit der Pratzn kratzn ko, und wer ...

„Wieschbaamspitzn" = das eingekerbte Ende des Wiesbaumes. Der Wiesbaum ist eine starke Holzstange, die der Länge nach über das Heu auf dem Heuwagen gebunden wurde. So war das Heu befestigt und konnte nicht vom Wagen fallen.
„Hosegros grosn" = kleine Menge Gras (meist Löwenzahnblätter) für die Stallhasen pflücken.
„peckn" = mundartlicher Ausdruck für zerhacken.
„Luckn in der Stubnbruck bruckn" = Lücke im Zimmerfußboden reparieren.
„lattn" = Zaunlatten annageln.
„Ranga" = kleiner Abhang.